U0963855

作者自语

在旧社会我是一个饱经苦难的乞丐和小佣人；新中国成立后，我从小学读到北京大学毕业后参军，在军事医学图书情报这块神圣的阵地上摸爬滚打了54个春秋，我执着追求，无怨无悔，竭力用"知识情报之光"照亮那些在崎岖的科学道路上不畏艰险、不断攀登的人到达顶峰。

作者人生格言

老老实实地做人，诚诚恳恳地工作，看准了的事要下定决心，不怕一切困难，排除各种干扰，坚持做下去，一定能成功。

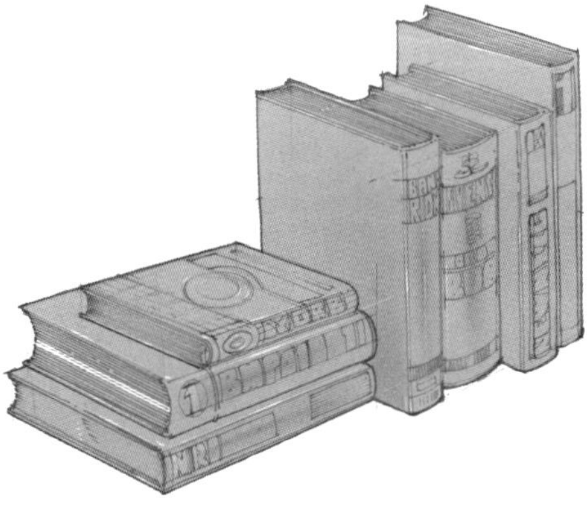

从乞丐到研究生导师

——八十岁月印记

陈 界 著

气象出版社
China Meteorological Press

内 容 提 要

本书简要地记述了作者一生的经历并总结了其人生感悟，主要包括三个大的方面：一是苦难的童年少年；二是幸运的青年壮年；三是幸福的晚年。着重反映作者在旧社会是一个饱经磨难的穷苦孩子，到新中国成立后一直从小学读到北京大学毕业，后参军从事军事医学图书情报事业，到退休后 20 年仍执着追求、痴心不改，在事业上多有所成。书后附有媒体对作者的报道和部分亲朋、战友、同仁对作者的评价，还收录了近 200 幅照片。内容真实，语言朴素简练，有较强的可读性和感染力。

本书对一般读者尤其是对广大的图书情报信息工作者有一定的参考和励志作用。

图书在版编目(CIP)数据

从乞丐到研究生导师 ：八十岁月印记 / 陈界著. —
北京：气象出版社，2017. 6
ISBN 978-7-5029-6546-4

Ⅰ. ①从… Ⅱ. ①陈… Ⅲ. ①陈界一生平事迹 Ⅳ.
①K825. 46

中国版本图书馆 CIP 数据核字(2017)第 100726 号

出版发行：气象出版社
地　　址：北京市海淀区中关村南大街 46 号　**邮政编码**：100081
电　　话：010-68407112(总编室)　010-68408042(发行部)
网　　址：http://www. qxcbs. com　**E-mail**：qxcbs@cma. gov. cn
责任编辑：崔晓军　**终　　审**：邵俊年
责任校对：王丽梅　**责任技编**：赵相宁
封面设计：易普锐创意
印　　刷：中国电影出版社印刷厂
开　　本：710 mm×1000 mm　1/16　**印　　张**：17. 5
字　　数：239 千字　**彩　　插**：24
版　　次：2017 年 6 月第 1 版　**印　　次**：2017 年 6 月第 1 次印刷
定　　价：60. 00 元

本书如存在文字不清、漏印以及缺页、倒页、脱页等，请与本社发行部联系调换。

前　言

近年来，我陆续收到我的亲朋、战友、同仁等的自传，读后受益匪浅，感慨良多。我 80 岁了，受其启迪，拿起笔来回顾所走过的路，梳理一下人生的感悟，一则自勉，二则给后人留下一点东西，或许有所裨益。

2015 年我以“从乞丐到研究生导师——八十岁月印记”为题写了约 6000 字顺口溜式的长篇传记诗，作为写自传的大纲送给我的部分亲朋、战友、同仁征求意见。大家认真地给予了反馈，认为写得很好，一位与我相识 28 年的大学教授写道：“我读了好几遍，每次都含着泪水读完。”有的说：“你的阅历丰富，写出自传来会更加感人。”于是我于 2016 年春节后开始撰写，到 9 月完稿。大致分三大部分：一是苦难的童年少年；二是幸运的青年壮年；三是幸福的晚年。共分 14 篇，基本上反映出了上述三部分的内容，应该说是我一生的写照，实事求是地叙述了我 80 年的历程。我 14 岁以前是很不幸的，但此后却是很幸运的。我是一个贫苦农民的孩子，7 岁丧父，母亲带着 4 个孩子过着饥寒交迫的生活。我逃荒要饭，当佣人，挨打受骂，曾两次大难不死。新中国成立后从小学一直读到北京大学毕业，入中国人民解放军军事医学科学院，从事军事医学图书情报、科研管理、研究生教学、杂志编辑、科学研究等工作，并成为军事医学科学院的研究生导师。此外，我还做了几件对国内医学图书情报界影响较大的事。在图书情报领域，辛勤笔耕，共发表论文 150 余篇；主编图书 14 部，900 余万字；参编图书 20 余部；与人合译《未来的战争》一书；主审图书 5

部；为全军医学科研成果办公室及军内外各单位评价图书数十种。这些已得到军内外同业的认可。扪心自问：我没有虚度年华，从迈入军营起，我一直在为我从事的事业而努力。如今虽已满头银丝，进入耄耋之年，但身体尚可，脑子还未糊涂，还愿意为我们的事业尽点绵薄之力，努力争取再活 20 年。书后附有媒体对我的报道和部分亲朋、好友、同仁对我的深情厚谊，还附有近 200 幅照片给本书增添了不少亮丽的色彩。

在本书的撰写和出版过程中，得到了很多亲朋好友的鼎力支持和帮助，特向他们表示诚挚的谢意！感谢解放军医学图书馆的领导与有关人员以及气象出版社有关人员给予的帮助与支持；特别要感谢我的同事王璇和王磊同志给了我多方面的帮助；感谢我的老伴儿的大力支持和多方提出修改意见；感谢我的大女儿和小女儿的录排；感谢儿媳为本书的出版所做出的不懈努力。

由于时间仓促，另有其他任务牵扯，加之自己水平有限，不足和错讹之处恳请读者斧正。

陈　界

2017 年 1 月于军事医学科学院

目　录

第三篇　我的求学路

第四篇　考入北京大学

第五篇　入军事医学科学院

第六篇　到计划处六年

第七篇　在领导岗位十六年

第八篇　参与筹建中国人民解放军医学图书馆

第九篇　“当专家”

第十篇　创建全国医学文献检索教学研究会

第十一篇　退休后继续为图书情报做贡献

第十二篇　退休生活

第十三篇　我的结发妻子

第十四篇　几点感悟

附　录

第一篇

我的母亲

一、神奇的乡村

1936年12月24日，我出生在湖南省永州市零陵区（原零陵县）珠山镇水埠头村，取名陈九荣。一提起这个村，有的人不由得竖起大拇指说："哟！水埠头，好地方，神奇的风水宝地。"它周围环山、南北座向、傍在六房山的脚下，前面是一大片稻田，山把稻田围成了一块盆地，两条小溪潺潺流水从西向东顺流而下，小溪的中间凸显出一个三角形的平台，这个平台由对门园、坛山园、大毛坪、小毛坪构成，直立在数千亩稻田的中心位置，好像是上帝有意安排给人们种菜和从事各种活动的场所。村西南边的山叫岩龙岭，山脚下长着一棵大柏树，一股冬暖夏凉的清泉从柏树下的岩洞涌出来，沿着小溪穿过两边的稻田，向东流去，沿溪每隔300～600米共4处各有多股清泉流出与小溪汇成一条小河注入湘江，在文化古城零陵北边与潇水相会向洞庭湖流去。这些泉水旁经常人来人往，特别是夏天来这里耍水、乘凉、捉鱼虾螃蟹、洗衣、挑水的人络绎不绝。水埠头者，水源丰富，人们川流不息的码头者也。村里有公路通过稻田，翻山越岭直通枣木铺与衡枣高速公路、湘桂公路、湘桂铁路、湘江交汇。这里可说是山清水秀、物产丰富的鱼米之乡，村里住着300户人家，1000余人，是方圆上百个村中最大的村，人杰地灵、人才辈出，祖祖辈辈日出而作、日落而息、繁衍生息，创造了这里的历史和文化。但是，新中国成立前，这里的生产力十分落后，农民深受地主的盘剥，过着衣不遮体、食不果腹的生活，直到中华人民共和国诞生，这里的

母亲1967年来京照

农民在党的领导下，改天换地，各项事业不断向前发展，生活不断改善，特别是改革开放以来的快速发展，到处莺歌燕舞、生机盎然。人们过着丰衣足食的幸福生活。我的母亲唐福妹 25 岁来到这里直到 1987 年去世，在此度过 57 年。

二、七岁当丫鬟，十九岁嫁个赌徒

母亲于 1906 年 4 月 14 日生于广西全州县黄沙河镇沙塘底村，靠近湘江与湖南交界之处，离我家约 10 里[①]地。她的父母是贫苦农民，生活格外困难，实在维持不下去了，在她 7 岁时就把她卖到黄沙河镇一个老板家当丫鬟，这里水陆交通发达，是广西全州县和湖南零陵县的商业重镇。7 岁正是上学读书的年纪，可她开始了一般女孩难以想象的生活，脏活累活要她干，吃的是残羹剩饭，还经常受冻挨饿，稍有差错，让老板不满意了，就要挨打受骂，不被当人看。她虽目不识丁，受人歧视，但她心灵手巧，记性也好，能吸取教训，在这里一边劳累，经受磨难，一边慢慢长大，懂得事情多了。她的厄运也接着来了。

母亲在 19 岁时，由于老板家庭变故，便把她嫁给我乡聊美村的一个农民，婚后初期家庭还勉强过得去，可是两年后此人染上了赌瘾，经常赌钱，成了赌徒，输了钱，母亲劝他不要赌，根本听不进去，而且动不动就口出粗言，拳棒相加，加之不久生了个女儿，家庭情况更是雪上加霜，经常家里没有隔夜粮，最后家里田也卖光了还要赌，就只好卖老婆了。于是，母亲 25 岁时嫁给了我父亲。

① 1 里＝0.5 千米，下同。

三、父亲常病早亡，家道中落

我母亲嫁给我父亲陈才富时，祖父已不在人世，奶奶还健在，但我父亲常年患病失去劳动能力，奶奶还很疼爱他，家里的 7 亩[①]多田无人耕种，我母亲十分为难，经常以泪洗面。为了让我母亲能安心在家生儿育女，相夫教子，奶奶对我母亲爱护有加，用她的菩萨心肠好言好语劝告母亲。特别是有了我哥哥和我后，奶奶特别高兴，将我兄弟二人视若珍宝，母亲对奶奶也特别敬重。然而父亲有病不仅不能帮助母亲反而要拖累她，加之三个孩子很小，母亲虽然精明勤奋，但要维持这个家实在是困难重重，撑不下去了。我因为营养不良很瘦弱，奶奶见状十分心疼，正当此时，母亲生下了一个女儿，奶奶横下一条心对母亲说：“福妹啊，这个孙女就不要了，留下你的奶给我的小孙子吃吧！”母亲极不忍心但毫无办法，号哭着，只好按奶奶说的请人把她拿出去埋了。在我三岁多的时候，奶奶撒手离开了人世。

胞兄 1957 年照

为了养活我们，母亲不得不变卖田产。1941 年母亲生下庚连妹妹，并决心一定要养大她，家里又多了一张嘴，生活就更加窘迫了。

1943 年 10 月，我父亲亡故，其时哥哥 11 岁，我 7 岁，妹妹 2 岁，母亲肚子里还怀着一个孩子。母亲面临的最大难题是如何把父亲的后事办妥，她只是哭泣不知所措，但有一点她很清楚，丧事

① 1 亩＝666.$\dot{6}$ 米^2，下同。

只能从简。但我叔叔陈才思却说我母亲是头发长见识短，不懂世道，不可能把丧事办好，并说这是他的亲哥哥，他要对得起哥哥，一定要把丧事办得风风光光热热闹闹，让哥哥在天上好安心。所以这事必须由他来办。母亲无奈地含着泪水，直瞪瞪看了他良久，一句话也没说就到父亲的遗体旁大声地哭去了："我的天啊！你走了，让我怎么办？三个孩子都年小，肚子里又怀了一个，今后的日子可怎么过，老天爷怎么这么不长眼啊！"我和哥哥跟着母亲跪在旁边也哇哇地哭个不停，场内弥漫着一股浓浓的悲凄的气氛，让人喘不过气来，站在一旁的叔伯兄弟亲戚朋友，不少也流着眼泪，有的安慰母亲说："人死不能复生，这是没有办法的事，你带着几个孩子还要好好活下去，不要太悲伤了，总归有办法的，看开一点吧！"

我叔叔按他的做法为父亲办丧事，他请来一批和尚、五条龙和一头狮子并各有一个乐队，要为父亲打5天的道场，其排场远非一般人的丧事所能比，已远近闻名了，水埠头村已经多年未出现过这么风光的场面了，比如行香（丧事流程中的一个环节），排着很长的队伍，一边耍龙耍狮子，一边吹打乐器，慢慢地行了近20里到湘江的支流上游去放纸船。晚上跑道场安排在秋收过的干旱稻田里，人山人海、热闹非凡，十里八乡的可算得上第一家了。出殡那天更增加了一项，一路上放鞭炮和打灯光炮。父亲在死后真的风光了，可是母亲和她的儿女们得到的是什么，叔叔为父亲办丧事原来是醉翁之意不在酒，所以在丧事办完后他提出：要我家的一块2.5亩的上等好田顶他办丧事所花的钱。母亲事先所担心又不敢想的事情终于摆在了她的面前。根据母亲对叔叔的了解，历来他从不做有利于我家而有损他家的事。祖母去世也是他办的丧事，事后他把祖母的5亩多养老田都归他所有，按理我家也应有一半，可我家一分田都没得到。所以母亲曾说："我一个无助的女流之辈，怎能与一个有权有势的保长去争！”只好忍气吞声默默地认命了。母亲的眼里没有泪，眼睛火样亮，她怀着悲愤看着人家把我家的一半家产的上等好田拿走了。有人对我母亲说：“别难过，他会遭报应的，你等着看吧！”果不其然，新中国成立后他成了地主，我家是贫农，这就应了人们常说的：“恶有恶报，善有善报，若是不报，时机未到，时机一到，一定要报！”

四、要饭时被狗咬，挥泪为我疗伤

在黑暗的旧社会一个无依无靠的女人，带着四个小儿女守寡是件多么艰难的事情，新中国成立后母亲曾多次回忆起新中国成立前的苦日子说：“有人说黄连苦，可是我比黄连还要苦几分。”父亲去世后，家里还剩下 2.6 亩田，1 亩地，3 间瓦房。为了养儿女，她使出浑身解数，想尽了办法，吃够了苦头，一家五口仍然是吃不饱穿不暖。那 2.6 亩自己没有能力种，租给人家种，收的粮食只够吃 3～4 个月，到了年终就断粮了，母亲只好卖田，一直到 1949 年，先后卖了 4 次，就剩 1 亩了，还卖了 1 间房。有一段时间，我们村立了集市，还开了赌场，母亲做起了小买卖，去 10 多里的地方挑些梨来卖；买些谷芽糖和芝麻，炒一炒混合在一起切成片卖；用花生米与面粉掺和做成一个个圆饼再油炸了卖；做饭菜卖；还卖茶水。我和哥哥都跟着母亲做，总是起早贪黑，很辛苦，勉强能维持生活。可是不到一年，不知为什么这个集市被取消了。家里生活越来越困难，母亲只好采些野菜回来放些米粉和在一起吃，凡是能吃的野菜我们都采回来吃了。过去人们只做猪饲料人不吃的如和家菜、戊菜、慈姑菜等都采回来煮熟，连油盐都没有就吃了；我是从来不吃蘑菇的，可是接连两餐没吃东西，实在饿得慌，母亲将干蘑菇煮了给我一些，我没办法，闭着眼睛把它吃了；田里的稻子正在灌浆，还未成熟就拉回来，碾细后与壳一起做成糊糊吃下去，可是拉大便成了大问题，非常困难，真是难以忍受，我弟弟拉不出来难受得哭喊，母亲只好用一根小木棍一点点地帮他将大便抠出来。很多日子母亲向别人借粮食，有的借一担①，秋收时要还两担，为了不让孩子们挨饿咬着牙也要借。记得 1948 年春天，母亲去东西坊村一个姓杨的地主家借了 50 斤②稻谷，秋收后母亲挑 70 斤，我挑 30 斤一起去还债。能借给你已经不错了，有些人同情我们，借一斗③还一斗，或还一斗半，我们非常感激，有的根本就不借。有一天，我们两餐没吃了，等母亲借米回来，可是让我们大失所望：母亲只拿回来一些鸡公苋和马齿苋，我们虽然不高兴，但知道母亲已经走投无路，没说什么吃光了。

1946 年 2 月母亲将 4 岁的妹妹以 40 斤稻谷卖到鲁家村一个农民家当童养媳。后来母亲带着哥哥砍柴挑着去 12 里远的方坪村去卖，经过几次结识了该村的一个寡妇，她家只有她和一个 20 岁的儿子，而且还会编竹席，家有良田数亩，可说衣食无忧。当她了解到我母亲的处境后，深表同情，并以较高的价买下柴，还给每人一碗糯米酒酿吃。还特别提出来认我母亲做“老伙”，母亲高兴地对她说：“我算是遇到贵人啦！”其时正当稻田中耕除草之际，她对我母亲说：“你母子帮我耗几天田（中耕除草），我供你们吃饭，还给工钱怎么样？”这对我家来说实在是求之不得的事，就满口答应了。当即她就带母亲和哥哥去她家田里耗。两人干了半天，她很满意，让他们接着耗。母亲看了看西斜的太阳，对她说：“老伙，我两个小儿子在家等我回去给他们做饭吃，否则他们今晚就要饿

① 1 担＝50 千克，下同。
② 1 斤＝0.5 千克，下同。
③ 1 斗＝10 升，下同。

肚子。”她说：“好吧！明天干脆把你两个小儿子都带来，你俩耗田，两个小儿子就在这村或附近讨米要饭，晚上就都住在我家。连干几天，省得你们跑来跑去。”次日天刚蒙蒙亮，我们就起床吃早饭，然后母亲、哥哥挑着柴，我带着弟弟，一家四口迎着初升的太阳高高兴兴地出发了，其心情真有点像走亲访友。到母亲的老伙家后稍作休息，老伙就安排母亲和哥哥去耗田，然后叫我带着弟弟去要饭，并嘱咐我们几点注意事项，我和弟弟对她感到有几分亲切，我点点头，一手拿着个袋子一手牵着不到3岁的弟弟，挨家挨户地乞讨，每到一家门口先站着，然后说：“打发点，可怜可怜我们给点吃的吧！”有的给我们一点，我们就高兴地离开去另一家，但有些人不肯给，还有冷眼歧视赶我们走的。有时我俩还特担惊受怕，尤其是还未到人家门口，狗就狂叫起来，怕狗咬我们，吓得只好退缩，另走他家。

第二天，我们实在不愿意去了，可母亲说：“不去怎么办？我拿什么给你们吃？还是要去！小心点！”我们只好离开母亲又去了。接连几天，还算幸运，没出什么事。母亲惦记家里的事，回去三天后又返回来，一家四口重复以前的做法。在这里又待了10来天，母亲和哥哥找不到事情做了，我们就在母亲的带领下一起去要饭，附近的村庄要遍了，就去较远的村子，后来走得更远些，越往后要饭就越困难了，去了多次的人家一般都不肯再给了。更惨的是我在马家湾村要饭时，到一家门口，一条狗向我扑来咬了我的脚和屁股两口，鲜血直流，我哭天喊地，母亲看见我的伤口，极不忍心地哭着说：“哎呀！这怎么办？”后来她向一个农民要来两个酸辣椒往我的伤口上擦，我痛得更加厉害了，哭喊声更高了。妈妈安慰我说：“儿子没关系，过几天就会好的。”不久，母亲就带着我们回家了，还说：“这就是我们的命，太苦了！”就在回家的路上，我们顶着烈日走到李家村旁的一棵大枫树下，母亲停下来叫我们坐在树荫下休息，然后她含着泪水无奈地哽咽着说："儿子，以后你们三人在家自己过吧，我要出去了(改嫁)，我实在没有法子可想了，只好把你们丢下。"兄弟三人听了号啕大哭起来，好像天崩地裂了。哥哥一边哭一边说："妈妈，你不要出去，你出去了我们怎么办？就真成了没妈的孩子了，你就带着我们在家，再苦再累我们也不怕，也要跟着你到老，养你到老。"我们三兄弟哭得更伤心了，母亲也哭了，停了一会儿她说："傻儿子，不要哭了，我不出去就是了，无论怎么样，无论发生什么事，我都不会离开你们。"过了一会儿，我们擦干眼泪往回走。此后，又过了十来天颠沛流离的生活，稻子也近熟了就再也没听她说"要出去"的话了。

五、穿的问题也这么难

我们家乡的人经常挂在嘴边的是"吃穿"这两个字，活着就要"吃饭""穿衣"。母亲为此艰苦奋斗不止，也总是难以解决。为了我们有衣穿，她是煞费苦心。但是从我懂事的时候起，我们很少穿过新衣服，经常是破烂不堪，补丁打补丁的衣服，也多半是捡人家的，拿来改一改，再补一补，很不合身，冬天穿的衣服就更是如此了，我们一家都没穿过新棉衣。为了让我们在逢年过节穿得过得眼，母亲将一块地种上棉花，收了棉花挑到镇上加工后，自己白天干活，晚上纺纱，再请人织布，叫"家织布"，这种布既粗又厚，但结实，再用土办法染上色做衣穿。妈妈只给哥哥做一套，不给我和弟弟做，哥哥穿一二年再给我穿，我穿一二年再补一补给弟弟穿。真可说是新三年、旧三年，缝缝补补又三年。由于冬天穿的破衣服又很少洗澡，脏得很，衣服上长了很多虱子，有的地方还有不少卵，不好抓就用嘴去咬，发出沙沙的响声，睡觉身上痒起来用手一摸就摸到虱子，用大拇指和食指夹住虱子往嘴里一放用牙咬死吐出去。现在听起来都觉得很恶心，可当时这是常有的事，而且一般不觉得丢人。有一年冬天，我的头上也长了虱子，自己不晓得，是母亲发现后，给我抓了好几个，后来母亲用稻草烧成灰，再用水将灰过滤烧热后为我洗干净了。更叫人心烦和糟糕的是，还有跳蚤，个子小又灵活，咬人比虱子还厉害，躲在穿的破烂衣服里既不易发现又难以抓到。这种岁月，穷人冬天有破旧鞋袜穿就不错了，不用说穿好的新的，更不用说春天、夏天、秋天了。我们白天一般都不穿鞋袜，光着脚，即使上山砍柴和挑担也是如此，经常脚掌被扎出血也不得不坚持走。甚至冬天下雪了，也光着脚在雪地上走，冻得脚发红了，有时真是难受就不得不将尿撒在脚上取暖。有时去温暖的泉水里泡，只有晚上睡觉前洗了脚穿上鞋。有一天我的鞋弄湿了，放在火边烤，等我回来，一只鞋的底被烧掉前半截，我无可奈何地只得脚掌前部着地还穿了半年多。

六、决心让我读书

我哥哥比我大 3 岁，没上过学，我也快 10 岁了，早该上学了，可是母亲没有办法让我们按时上学。她觉得，大儿子已经耽误了，小儿子不能再耽误了，她下定决心：想什么法子也要让你去读书，斗大的字不识一个将来还是要吃大亏的。于是她给我买了一些纸、墨、笔，还要砚石已经没有钱了，只好找一个坛子盖代用，并请人给我起了个名叫陈德世。然后对我说：“你一定要好好读书，要争气！”我默默地点点头，就高高兴兴地上学去了。我 3 年多前看见人家的孩子上学我就很想读书了，可是由于家里穷，我读书的梦被击得粉碎，我盼望已久要上学的事情今天终于有了结果，我怎能不高兴？在学校我听老师的话，遵守校规和课堂纪律，努力学习，成绩优异，深得老师们的喜爱，期中考试考第一，学校特奖励我一刀纸，我高兴得不知说什么好，跑回去拿着奖品给母亲看，她先看看纸，再看看我，摸着我的头，脸上露出了微笑说："我的好儿子，这样很好，以后还要更努力，别辜负了老师的希望。"

在开学几天后，为了糊口，哥哥到地主家砍柴放牛去了，弟弟在入冬后患了疟疾，不断发烧，打哆嗦，母亲特别着急，没有钱给他治病，怎么办？我对母亲说："我不去读书了，给弟弟治病吧！"她那饱经风霜的面孔和她常忍伤痛的内心，使她变得有些苍老了，她对我说："还有不到半个学期，说什么你也要读完，弟弟治病的事另想办法。"最后逼得母亲把一间房子卖了，请中医看了，吃了药但也不见病情好转。有一件事，弟弟给我的印象特别深刻，至今我还清楚地记得，一天，母亲在伙房炒菜，他有气无力地对母亲说："妈妈，砍(买)点肉给哥哥吃吧！"我听了既高兴又难过，他这个样子还想到哥哥，他的病拖延到年底就不幸夭亡了。全家沉浸在悲痛之中，叔伯兄弟也都为此惋惜，并安慰我们。此后很长一段时间，弟弟的身影常在我眼前晃动，一些俏皮话也常在我耳边响起。

次年元宵节刚过，我家就断粮了，无奈哥哥跟着村里人去广西做泥水工去了，我也只好中断学业去离家 12 里的苦株山当佣人去了。但母亲在我以后的求学路上费尽了心血，吃够了苦头。

七、送子参军

1949 年秋天，我的家乡解放了，驱散了乌云，见太阳，穷人翻身做主人了，可是一年后美帝国主义在朝鲜发动了侵略战争，安图以朝鲜为跳板跨过鸭绿江侵占我国土。饱受帝国主义欺凌的中国人民怎能容忍。在党和毛主席的领导下，1951 年初，我的家乡掀起了青年人参军抗美援朝保家卫国的热潮。我哥哥刚 19 岁要报名去参军打美帝，母亲坚决支持，此次我祖父的后代有 5 人参军。开伐那天村农民协会（以下简称农会）在本村小学的操场召开全村欢送大会，锣鼓喧天，鞭炮齐鸣。我和母亲都去了，大家兴高采烈，“抗美援朝，保家卫国！打倒美帝国主义！”“参军光荣”等口号声不绝于耳，响彻云霄。参军的胸前戴着红花走在前边，欢送的人们在后边扭着秧歌缓缓行进，农会主席陈宇实走到我母亲面前问：“您儿子参军去了你支持吗？”回答说：“支持！”“您高兴吗？”“高兴！”“您还想说点什么？”母亲说：“我们刚过上好日子，美帝国主义就要来侵略我们，要我们再过那苦难的日子，我们坚决不答应。所以我特地来送我大儿子去参军！”好几个人齐声说：“说得好！向唐福妹学习！”我们送了一程，站在那里，目不转睛地看着远去队伍的背影。

次日农会主席到我家对母亲说：“分给你家的田，农会负责给你种好！你放心，有什么困难找农会，找我！”我本来在火湘桥学裁缝，不再去了，跟母亲在家劳动，帮助代耕的把田种好，积极参加农会的活动，特别是文艺宣传活动，排练节目准备去各处演出。还要召开庆祝西藏和平解放大会，除了表演节目外，还安排我上主席台代表军属讲话，我讲完话后台下热烈鼓掌。母亲看我在台上的表现，特别是当有些人对她说：“看看，您儿子多有出息，不仅节目演得好，而且话也讲得好。”母亲听了高兴得合不拢嘴。我村不少人还记得这年春节期间我村原农会主席陈艺在头年的下半年去坦府村搞土改试点，学会了一首题为《谁养活谁》的歌，春节在大会上唱了，我全神贯注地听他唱完就记住并会唱了，后来农会要我教村里人唱，我把很多人教会了，在村里引起了较大反响。

有人说:“真不错! 聪明!”我的几个堂兄嫂见我母亲也说:“婶娘!您养了两个好儿子,过去受的苦值得。”

八、善待儿媳,为孙辈们操碎心

新中国成立后,我读书的梦终于实现了,一直从小学读到大学毕业,并到军队当了军官。1962 年我与小学同学、当时正在从医的蒋重姣结婚,生儿育女,母亲打心眼里高兴。可是在 1964 年的“小四清运动”中我爱人因家庭出身富农,被错误处理回家,与我母亲生活在一起,次年生下我们的儿子陈文学,后来又先后生下大女儿陈怀京、小女儿陈向京。在农村生产劳动 8 年,经受了各种艰难和困苦,很多农活不会,只得边学边干,还要哺育三个孩子,既辛苦又劳累,特别是我远离她,很多日子正需要我的时候我却不在她身边,真感到无助。在她最困难的时候是我慈祥的母亲用金子般的心去安慰她,鼓励她,给了她在农村生活下去的勇气、信心和力量。母亲悉心地照看 5 个孙辈(含我哥哥的两个儿子),为儿媳分担了很多家务事,孙辈们的衣食住行,只要母亲能干的都为儿媳分忧,毫不犹豫地去做,想尽一切办法让孙辈们过得好一些,这使儿媳感到温暖宽慰。以后我爱人常对我说:“那 8 年真不容易,我能熬过来,多亏了你母亲!”为了给孙辈们改善伙食,母亲每隔一段时间就往返步行 25 里去黄沙河镇,除了买些必需品外,还特地为孙辈们买些猪肉切成小块,肥的留下炒菜,其余的做给大家吃。孙辈们抢着吃,因此还闹出了笑话。一天,母亲将肉刚煮好,不满两岁的向京就先下手为强把最大的那一块夹到自己的碗里,母亲见了忙说:“我的宝仔,那是块骨头,吃不动,我拿块好的给你。”可向京用筷子压住那块骨头很久不放,母亲好说再说才肯换。又一次，母亲买回一些甜馒头，分给5个孙辈每人一个，我儿子那个很快就吃完了，小女儿那个还拿在手里没吃，儿子就将小女儿的抢过来吃了一口，小女儿马上大哭大喊起来，儿子就将馒头还给她，她却把它扔在地上接着哭，母亲赶快捡起来，弄干净了，一边哄一边劝说才罢休。母亲有时要照顾5个孙辈，背一个，抱一个，牵一个，还有两个跟在后头，累得腰酸腿疼，疲惫不堪，真是难为她老人家了，她却心甘情愿、无怨无悔地为儿孙们默默地奉献着。母亲有时走亲戚或串门，人家给她的糖果、花生、瓜子、红薯干等她都舍不得吃，拿回来让孙辈们吃，有时还特别强调一句："你们不要吃光了，把你们妈妈爱吃的留下。"我爱人很受感动，常说："她待我就像亲生女儿一样！""母亲起得早，烧了热水，做好了饭，就对我说：重姣，饭我已做了，水也烧好了，你起床后有热水洗脸，我有事出去了。"还说："我听了，心里热乎乎的充满感激之情。"我寄钱回家，我爱人取回来，按我说的数，一般都多给些母亲。孙辈们有病痛了，或儿媳妇怀孕生孩子了，母亲更是跑这跑那，忙得团团转，找医生治疗，有时还烧香拜佛，求神灵和祖宗保佑。我爱人也多次对我说：婆媳在一起时间长了，也难免出现一点小矛盾，但都能互相谅解，很快就好了，因为互相知道，两人的心都是好的，没有恶意。只要为大家好，母亲真是敢作敢为，她那颗菩萨般的心，在村里是人人称赞的。叔伯兄弟，乡亲们，谁有难处母亲都热情帮助，只要可能都会尽量设法帮助，能关照的都予以关照，母亲经常自己很节俭，舍不得吃用，但对别人却很大方，特别是对那些孤寡老人，更是客气有加，只要家里有，就拿出来让大家分享，家里经常烧有茶，谁都可以来喝。母亲一辈子总是与人为善，想着对别人要好，给了人家的不要求回报，所以人家对她也很尊敬。

九、两次来京

母亲曾两次来京，每次她都高兴万分。一次是1967年的夏天，国内正处在混乱之中，母亲和肚子里正怀大孙女的儿媳带着不满两岁的孙子，中途还要换乘两次车，一路上十分艰难，路上儿媳晕车，母亲忙去找来列车员，先让儿媳躺下，又拿晕车药给儿媳服了，母亲既要照顾儿媳，又要照顾孙子。由于母亲长期经历磨难，来京路上尽管困难重重都未把她难倒。母亲感到能和儿媳带着孙子来到党中央和毛主席生活和工作的地方是一种无上光荣的事，有时还不免在人家面前夸耀一句："我儿子在北京大学毕业，分到部队当军官哩！"我在星期天带他们去北京的主要景点玩，母亲总是精神饱满，兴奋不已，常常满脸露出幸福的笑容，记得有一次我们外出，回到院内，她左手抱着孙子，右手拿着扇子，边走边扇，健步地往前走，有人见了说："你看！那老人家身体多好啊！一手抱着孩子，走得还那么有劲。看上去她很自信。"当时由于各方面条件有限，加之我平时要上班，没有时间照顾他们、陪伴他们，他们对各方面都备感生疏，饮食方面也有诸多问题，很不方便，对此我深感内疚，但他们从未埋怨过我。住了一个月回老家，比来京

1967年7月我陪来京的母亲、爱人、儿子在天安门合影

更加困难，可把他们三人累苦了。他们在衡阳下车时碰上两派武斗，混乱拥挤闷热的车站让人难以忍受，在排队买车票时钱被骗走了，好不容易在衡阳上了火车，可到了冷水滩还要下车改乘，她们唯恐这里又有不测，不安全感更增加了。还好，虽然很费周折，但未再出问题，总算乘上到广西黄沙河的车，以为下了火车过了湘江再走 10 多里就到家了，可万万没想到的是，刚下火车走了不远，有人告诉说："别往江边走了，要打仗了！"婆媳俩带着孩子，赶快退回来，躲在一堆石头后面，吓得浑身发抖，唯恐出事。等了好一会儿，枪声停了，后来看见有人上船过江了，他们硬着头皮乘船过江，当天下午总算回到了家，村里不少人来看他们，有的为他们高兴，说："有福气，到北京看世界去了！"也有些人真为她们捏了把汗："现在这么乱，搞武斗，很不安全，多亏你们。"后来我得知他们回家一路上的险情，不免有些后怕。

母亲最疼爱的孙子文学已长大成人

1972 年经组织批准我爱人和三个孩子迁京了，考虑再三，决定将两岁的小女儿留在老家随奶奶。可是迁京后不久，我爱人特别想小女儿，有时一想起不禁掉下泪来。所以，后来商量决定：让我母亲次年春节后带小女儿来京，恰好我在中国科技情报所（现中国科技信息研究所）工作的老乡黄蔡文春节要回家，就托他把我母亲和小女儿带来了。小女儿几乎不认识我们，倚在奶奶怀里不肯让我们抱。母亲在京带孩子，有时也做点家务，特别是我常出差在外，她见儿媳忙不过来，想多做点。大约来京三个多月后，我出差江苏、上海、浙江等地，一次母亲在家洗衣服，在晒衣服时摔倒了，腰被摔伤，计划处的陈克明同志把她送进301医院，并买了点心送给她。三个孩子没人照顾，袁惠柏同志就帮助照看并带到她家去吃饭。领导给我打电话，要我赶快乘飞机回京，说我母亲住院了。我因不知伤势如何，心急火燎，匆匆赶回来去医院看

1973年母亲带向京来京后全家照

母亲，她精神状态还好，见到我说："没大问题，过几天就好了。"我询问了医生，医生说再过几天就可以出院。母亲这次来京，与第一次一样，生活仍不习惯。我们上班去了，孙子上学去了，母亲带着两个小孙女在家，没有地方去，语言又不通，曾多次提出来要回老家，经再三挽留劝说才住到过了国庆。承蒙领导照顾，让我将母亲送回去，然后去邵阳、长沙出差。在京半年多，母亲悉心地照顾着三个孙辈，也很辛苦，回到老家经常惦记着我们，特别是对三个孙辈更是牵肠挂肚。

1973 年全家在天安门前留影

十、回乡探母

母亲1973年秋回家后，与我哥哥生活在一起。由于嫂子5年前去世，丢下两个几岁的侄儿需要照顾，所以母亲在老家仍不轻松。每次给我写信除了说些她和哥哥一家的情况之外，就是很想念我们一家。我们也常思念她老人家，从1973年秋到1987年她去世前的半年，我先后回去探母六次，第一次是因我岳母去世，全家回去了，以后我与爱人、儿子各回去一次，我独自因出差办事顺便回家探望她三次。每次回去开始见到她几乎都泪流满面，说："回来就好！我好想你们，有时想得都睡不着觉。"我们回去她总是不辞辛苦，想尽办法让我们生活得好一些，她乐呵呵热情地款待来看我们的亲戚朋友。见到她身体好，能吃，行动自如，我们内心的喜悦之情无以言表。但是有两次回去我们心情都十分沉重，主要是为她的健康担忧。一次是1977年5月，据哥哥来信说母亲病得很厉害，全身浮肿，尿特多，盼我回去，恰好领导准备要我去重庆和长沙办事，我先去重庆办完事后就匆匆赶回老家探望她，然后再去长沙。当我回家时见母亲躺在竹躺椅上，她见到我后马上泪流而下说："儿子，你回来啦！这些天我盼星星盼月亮，盼你回来，我担心看不见你了，重姣和我的孙子孙女怎么样？"自己这样了还惦记着晚辈，我的泪水也止不住地往下淌，一时说不出话来，我沉默了好一会儿才说："您不要挂念我们，我们都很好！是儿子不孝，您病了很长时间了，才回来看您。"母亲擦干眼泪说："你为国家做事身不由己，我不怪你，你们在北京也很不易，你们好了，我就放心了。""我的病，你哥哥找医生来看了，你不要老惦记着。"过了一会儿，我的心情平静下来，才招呼乡亲们。大家安慰我："你在外面做事，家里的事有我们大家，不要紧的！"我向医生了解了病情和治疗情况及下一步的治疗方案。过了三天见母亲病情好转，我便打道去长沙了。离开母亲前，我对哥哥说："我要走了，母亲就靠您伺候了，您多担待了。"他点点头说："放心吧！"我去长沙办事回到北京后，过了一些日子，哥哥来信说母亲已病愈如初，这年她 71 岁。

还有一次是 1986 年我与爱人回家过春节，我爱人已经 11 年没有回老家了，母亲就格外思念她和三个孙辈们，这次儿媳随儿子回来，母亲高兴劲就别提了，见到村里人就说："我儿子儿媳从北京回来了，到我家喝茶去！"因为过去他们也经常来我家喝茶。儿媳见到这个与自己同甘苦共患难生活八年多的婆婆，也难以抑制内心的激动，不禁掉下泪来。母亲已经是白发苍苍 80 岁的老人了，行动也迟缓了，我爱人感到婆婆的身体不容乐观了。有几次她看见母亲睡觉不脱棉裤就睡，便问："您怎么不脱棉裤睡觉？"母亲说："脱棉裤太费劲，脱不动了，所以就这样了。"我爱人曾多次将这事告诉我，并说："看来妈妈的身体大不如前了。"我听了既着急，又感到无奈，忧心忡忡。但我们看见母亲食欲不错，每餐饭量不少，我们的心情就放松了一些。由于三个孩子留在北京我们很不放心，所以在老家住了半个月，又看望了老岳父等亲朋好友后就回京了。

就在这年的 10 月和次年的 4 月，我为我爱人落实政策的事两次回永州，也特地回去探望母亲。由于事务繁忙，每次我都只在家住一夜，第二天顺便看望岳父后就回京了。这两次回家见母亲，我的心情一次比一次难过，她的身体越来越差，而我则又没有什么办法为她做些什么，总感到有些亏欠母亲。但我没有想到的是 1987 年 4 月回乡探望她，竟是我与母亲的诀别。

1987 年的农历十月十三日我接到从老家打来的电话，母亲于前一天去世。我听了如五雷轰顶，含悲忍泪先告诉我爱人和三个孩子，再向领导报告，当时我们单位正在准备评职称，这对我十分重要，但领导为了我回家奔丧把我评定职称的时间适当调整。我匆匆买了火车票赶回家已是母亲入棺的次日下午。我跪在母亲的棺材前痛哭流涕，并三叩首。我大声地哭喊："母亲，我回来晚了，没有给你送终尽孝，是儿子不孝，您为儿孙们吃尽了苦头，直到去世前不久还在操劳着。"在我身边的哥哥一家和亲朋好友也都哭起来，满屋子哭声一片。我的堂兄把我搀扶起来说："人死不能复生，你不要太悲伤，多保重身体更重要！"

当晚由我堂侄少光主持召开有关人员会议，商量下一步的丧事，并征求我的意见。我说："丧事从简，规模控制不要大。"决定三天后举行吊唁，先是叔伯兄弟、亲戚朋友上堂祭，最后上家祭，大家都说她老人家一辈子经历了千辛万苦，养大了儿孙们，并以她善良的心真诚地对待别人，赢得人们的尊敬与爱戴。出殡入土的前几天一直在下雨，可是这天却是天高气爽，万里无云，一个大好的天气。大家说："她老人家在世贤惠，老天爷有眼，她出殡时来个好天气。"村里人都来送葬，前后五支乐队，一条龙，一个狮子，锣鼓喧天，鞭炮火炮齐鸣，人们头顶白布身穿孝服，队伍缓缓地行进。我有下面的诗吊唁母亲：

母亲享年八十二，一生受苦熬到头；
小时卖到黄沙河，当了丫鬟苦难多；
后来虽然成了家，我父早逝她守寡；
带着四个小儿女，艰难度日甚凄凉；
解放后虽翻了身，仍有些事不顺心；
一生为人极善良，遇事先替别人想；
给人帮助不张扬，能者助人理应当；
受人欺侮不报复，人家恩惠记心上；
赢得众人之尊敬，村里人都来送葬。
亲爱的母亲，安息吧！我们永远怀念您！

第二篇

我的苦难

一、大难不死

从我记忆时起，我的童年和少年都是与苦难相伴，这正如我国的古圣人孔子说的“生死由命富贵在天”，是否也可以说“苦难在天”。

由于家贫穷，我在三岁那年就遭了两大难。这年春天，没有人照顾我，我自己乱走，乱跑，一天我走过两座房子，在旁边从一个直坡上摔下去，额头正好碰到一个石头上，把头碰破了，鲜血直流，我大哭大喊了好一会儿，我的堂兄陈德庆向着哭声跑来，见状赶快把我抱起，一手捂着我的伤口，一边往我家跑。我母亲和我奶奶见状慌了手脚，母亲立即跑到我村懂草药的炳武家，请他来为我处理伤口，他把灯草心放在我的伤口上，然后敷上草药，过了好多天才慢慢好起来，他告诉我母亲说：“还好，你儿子命大，要是伤口再深一点，或把头骨跌破了，即使保住命肯定也会留下后遗症。”一家人听了，不寒而栗。如今我的额头上还有一条明显的伤疤。

我们老家有一种田叫“秧丘田”，就是春天育秧苗的田，这种田在冬天灌满了水，所以也叫冬水田。这年冬天，天气比较寒冷，一天上午我哥哥带着我在我家旁边的一块水比较深的冬水田边玩，我穿着一件不合身的黑色破棉衣，跟在哥哥后边，一不小心掉进了冬水田里，我哥哥还不知道，等我哭喊了，他却吓跑了，后来我也喊不出来了，就在田里乱扑腾，当时我村的陈甲龙站在离这块田约 100 米的高坡上看见田里有一团黑色的东西在乱动，就赶快跑过来，见是一个小孩就连鞋袜也未脱，急忙下田把我捞起来。那时的我已经像个落汤鸡，不怎么动弹了。他抱起我向我家里跑去，我奶奶和我叔叔在家赶快给我换了衣服，并烧稻草让我烤，我总算活过来了。

我母亲上山砍柴去了，家里发生的事她全然不知，邻居老鸦哥和他老婆吵架，我母亲前去劝架，老鸦哥便大声地对我母亲说："福妹婶娘，你莫劝了，你儿子淹死了！"母亲不要命似的一边流泪一边跑回家，看见我还活着才松了一口气，并说："我的宝仔，吓死我了！"我奶奶说："以后莫去砍柴了，把我孙子带好要紧。"接着奶奶又是一把鼻涕一把泪地说，"我这个苦命的孙子命怎么这么苦哟！"为了报答救命之恩，我家要我认陈甲龙为继父，以后我们家里就把他当亲戚了，直到他去世，可惜我远离家乡没能为他尽孝。

二、日本鬼子来了

1944 年 8 月日本鬼子践踏了我的家乡，各家各户各自逃生，我背着 1 岁的弟弟，我哥哥背着 3 岁的妹妹，母亲挑着行李和吃的躲到离家二三里的十凹庵子。有时母亲和哥哥还要跑回家取些必需品。躲了 10 来天，日本鬼子跑到庵子里来扫荡，大家都躲进深山老林，我跟着一个堂兄躲进离庵子一里远的灌木丛中，母亲带着妹妹和弟弟躲进庵子旁边距泉水井约几十米远的草丛中。哥哥不知道跑到哪里去了。当时我们心惊胆战，吓得发抖。母亲生怕我弟弟哭出声来坏了事，就将乳头放进弟弟的嘴里。当时能听见日本鬼子抢东西发出的响声。太阳落山了，鬼子回到驻扎地，大家才回到庵子里。展现在人们眼前的是乱七八糟，一片狼藉。次日清晨天还未亮，母亲给我们吃了一点东西，怕鬼子再来，一家人逃到更远的山里躲藏，饿了就将带的剩饭放些田里的冷水拌起来吃，即使没有菜也没有觉得难吃。就这样东躲西藏不知何时才是尽头。不久，李家村我姑夫派人把我们接到他家，以便有个照应。这里离鬼子驻扎地远，交通很不方便，相对安全一些。姑夫对我们进行了妥善的安置，我们全家都很感激他。但不久险情就发生了，一天上午驻扎在10多里以外的鬼子来到李家村抢东西，村里站岗放哨的看见鬼子已到了1里远的柴家村，就叫大家赶快撤走躲起来。我们兄弟妹妹4个跟着人们往南跑，跑了二三百米就听见枪声，子弹从我们头顶上空飘过，把我们吓得不要命地往前跑，不久跑到一大片杉树林边，就钻了进去，杉树的针叶刺伤了皮肤流血了也不管，逃命要紧。我们还是第一次经历这种枪林弹雨的场面。又过了好久，我们听见有人喊道："日本人撤走了，大家可以回家了。"已经是下午二三点钟了，也不觉得饿。我们回到姑夫家不久，母亲也挑着一担东西回来，我们急忙上前对她说："我们跑了见不到您特害怕，不知道您跑到哪里去了。"母亲告诉说："我挑着担子跑不动了，正好旁边是一座破房子，里面放了些柴草和杂物，还有一口棺材，我用柴草把棺材盖严了，就在棺材底下躲起来。后来我出来见我那一担东西还在，我就挑着担子回来了。看不见你们四个我就不知如何是好了，真把我吓坏了！"

后来听说村南边的一棵大树旁被日本鬼子打死一个人，我们跑过去，见不少人围着看。我钻进人群里，看见一个老头儿被鬼子打了数枪倒在地上，死者的亲人哭喊着。一些人说，这是日本鬼子欠下的血债，一定要讨还血债，为死者报仇。

为了让我们一家和姑夫一家少受惊吓和更安全一些，我姑夫在他村子周围的群山中选了一座既高又便于观察周围环境和动向的山顶的隐蔽处盖了一间茅屋，作为我们的藏身之地。每天吃了早饭我们就赶紧上山，躲到茅屋里。午饭在山上吃，晚上回到村子里，第二天又照旧，日复一日，过了一个多月。期间在沦陷区吃盐特别困难，我姑夫带着我哥哥清早出发背一斗米走40来里路到一个地方去换半斤盐，回来天已黑了。

大约在外逃亡了三个月，搞得人们狼狈不堪。后来我们村子成立了维持会，维持会在一定的时间内要向日本鬼子交一定数量的各类物资，要派民工去修碉堡和工事等，如有不如意就会动刀动枪，老百姓真是生活在水深火热之中。在我们外逃的三个月中我村有三个人惨遭日本人杀害。一个是陈德爽，鬼子将他的尸体分解成多块用一顶蚊帐包起来放在一个木箱里，家里人偷偷寻找了几天才找到。还有陈兴隆，是一个杀猪的，一天被日本人抓住，发现他带着杀猪刀，就不分青红皂白将他吊在一群坟旁的大柏树上，先将眼珠子挖了出来，再把他的脚筋割断，然后就在西边的山坡上约二三百米处开枪向他射击，不知打了多少枪。第三个是陈喜元，一个六七十岁的老头，被日本人打死在对门园我家的一块田里，没人收尸，时间长腐烂了，最后家里人只将其骨头拾起埋了。还有上玉村的海敖和比肩两兄弟被杀死在我村背后山边的田里，尸体被分解，也没人收尸，在田里腐烂了。我小时候怕鬼，人们说这样死的人一定会做鬼，所以每当我经过这些被鬼子杀死人的地方，就身上发麻，害怕起来，赶紧离开。

之后过了一段稍为平静的日子，人们播了种插了秧，已是1945年的夏天，日本鬼子已是节节败退了，但是要做垂死的挣扎，所以在我们家乡日本鬼子的三光(杀光、抢光、烧光)政策也更猖狂起来，人们在六七月份只能再次出逃，无奈我们又躲到姑夫家去了。这时我们村子已组织了自卫队，日本鬼子力量弱时就打，强时打不赢就往深山里钻，鬼子也找不到。后来有些老百姓已经回村了，记得有一次正在收割稻子时有几个日本鬼子来村子里抢东西，在1里远的地方就向老百姓开枪。我和哥哥在割了稻子的田里拾稻穗，当我们听见枪声后就往村子的南边跑，自卫队也跑,我想在没割的稻田中间躲起来不走了,只听得子弹从头顶上空呼啸而过的声音,我已落后哥哥大约50米远了,我哥哥大声喊:“短命鬼,你还不快跑,你不要命啦!”我只好拼命地追赶上哥哥,然后向深山里(二郎山)跑去。这时自卫队躲在暗处向鬼子射击,鬼子见势不妙只好撤回驻地去了。

又有一次,不知日本鬼子在哪里被中国军队打散了,只有一个鬼子,没有枪,随身带有一把刺刀和一颗手榴弹,来到我村的小学要饭吃,有不少人在围观。他吃了饭离开村子,当他走了200米远时,自卫队的人拿着枪追上去,追到一条小江的桥上,向鬼子连开几枪,但没打中鬼子,鬼子吓得自己拉响手榴弹自尽了。

不久就下雨了,接连下了2个多小时才停下来,天也快黑了,由于手榴弹的响声太大,人们怕别处的鬼子向着响声赶来祸害老百姓,所以多数人都不敢在村里住了,我和哥哥趁着夜色泥一脚水一脚地往李家村奔去,到了李家村,母亲已经带着弟弟妹妹睡觉了。

又过了一段时间,日本鬼子宣布投降,我们才搬回家来,家里有些地方遭到日本鬼子的破坏,我们收拾整理了几天仍未恢复原样。

日本鬼子丧尽了天良。在我八九岁时就目睹他们在我的家乡烧杀抢掠,强奸妇女,无恶不作,给我们带来了巨大的灾难,在我幼小的心灵埋下了仇恨日本鬼子的种子。我们会永远牢记日本鬼子所犯下的滔天罪行。

三、去苦株山当佣人

1947年刚过了元宵节,我们家就快断炊了,母亲为一家人的吃饭问题发愁。眼看学校快要开学了，我对妈妈说：“我要去读书。”我哥哥听着了，马上就冲着我说：“家里连个饭都没有吃，拿什么给你读书，读个屁！”上年下半年上了一个学期的学不得不中断。过了几天，哥哥去广西一个镇上做泥水工，母亲与人联系让我去苦株山（今日的珠山）给一个女老板家当佣人。女老板已60多岁，有一儿一女，女儿嫁在我村，儿子因车祸去世，她带着别人家的一个孩子当孙子，这个孙子当时十七八岁了，因与她闹矛盾，跑去当兵了。女老板在镇上开了个旅馆，有五六张床，每天有旅客来吃住，倒也衣食无忧，但她一个人忙不过来，所以就把我要来，只给吃的没有工钱。母亲把我送来，嘱咐几句，就回去了。

我在这里每天从早晨起床一直忙到晚上10点多钟才能睡觉，中间基本上没有休息。对我这个不到11岁的孩子而言有几件比较难做的事：一是每天要挑十几担水，挑着一担成人挑的高水桶，我个子矮小，每次挑大半担就相当吃力了，从铺子到井边有250多米，一天下来就是十几里路；再就是上山砍柴要去三四里远的地方，砍了柴捆好了用捞杆（木头做的两头尖）串起来，挑回来还要走三四里路，吃了早饭去，回到铺子已经是午后了；每隔四五天要去八里远的东湘桥采购，每次采购的东西约40来斤，我没鞋穿，光着脚走公路，还有一段石板路，夏天顶着烈日在40～50℃的石板路上挑着东西走是什么滋味，脚掌实在受不了，就把脚侧起来走几步，有时可以走公路旁的草地，扎破了脚出血是常有的事，忍着疼痛叫爹喊娘也得坚持走。此外，还要搞卫生，帮着做饭菜，招呼客人，经常忙得腰疼脚酸。但是我吃的却是馊饭馊菜，不愿吃就要挨训挨饿。做的事老板稍不满意就要骂我：“真是个没用的东西！”

令我一生不忘的是：一天下午已4点多了，女老板买了一些刚上市的新鲜辣椒和其他一些东西，要我给她女儿送去。我想：

等我送到天该快黑了，我可以在家住一夜了，我已经三个月未见到母亲了，真是想念。当我见到她女儿并说："我要回家看我母亲，明早起床就赶回苦株山。"可她女儿说："不行，你不回去我妈妈一个人怎么行?！必须回去！"她女儿家离我家只隔了一座房子，我跑回家对母亲讲了此事，母亲也没有办法说："天已不早了，还有 10 多里路要走，我实在不放心，可端着人家的碗，由得人家管，还是快点走吧。"母亲送了我几百米远，含着泪水看着我一边哭一边跑的渐渐远去的身影，她的心如刀扎似的。我跑到马槽子，天已经黑了，过去我常听人说这个地方闹鬼，所以我很害怕，心里直打鼓，身上发麻，我壮着胆子咬紧牙往前跑，又跑了 3 里多路，已经没有泪水了，只有汗水直往下淌，这才回到店里。

又过了一些日子，一天我闯了大祸。一个闷热难受的午后，我在铺子门前的棚子里卖粥和茶水等，由于很少有人来光顾，不知不觉我就躺在凳子上睡着了。可突然下起了大雨，粥、咸菜、茶水都灌进了雨水，晒好的衣服、被褥也淋湿了。我刚醒来老板娘跑出来发疯似的吼道："让你看摊子，你却睡大觉，把这些东西都搞糟了，看你怎么办!?"我低头不语，不知所措，她骂得更凶了，吓得我一股劲跑回家向母亲哭诉，母亲说："别去了，稻子快熟了，饿不死了。"我就再也没去了。

四、去小山庙喝粥

1946 年是家乡的大灾荒年，头年由于鬼子占领，农民无法把田种好，有的甚至没有下种，粮食收得很少，村里 300 户人家绝大多数都断了炊，我们家更不用说了，前面已经提到我全家要饭的事。

大约是二三月份，我们村有10多户最穷的被告知，每户可有一人去灶背村旁的小山庙喝粥，每天中午每人一勺，自带碗筷，我便是其中之一。去的多数是小孩，也有孤寡老人。我们到那里去一看，一大锅水里将菜叶和面粉混合在一起，放点盐，没有油，煮熟了给每人一勺，不管你是否吃饱，一般都吃不饱，即使吃饱了很快就饿了，因为粥太稀。可是大家都还坚持每天来回走十来里路去喝，因为如你不去连这碗粥也没有。但不到一个月连这碗粥也没有了，可是每个人可分得两升稻谷。那天很不巧，我一直肚子痛，很难受，我村陈禄光当保长，他是负责人之一，我特地找到他说："我肚子痛请将我那两升谷先分给我，我好先回去！"他说："好，跟我来。"我拿着那两升稻谷忍着疼痛，好不容易才回到家里。

五、挑水掉进井里

1950年初，陈光祥老师为了让我既有饭吃又能读书，就要我为他办的补习班做饭（在以后的有关篇详叙），我一家都很高兴。但是一天要挑很多担水，距井边的路约有300多米，很不好走，而且水桶是大人挑的，不适合我挑，每次只能挑半担。一天我去挑水，由于水桶高大我矮小，不大听我使唤，一不小心我便掉进了井里。我全身湿透了，便乱喊乱叫，瞎扑腾，可怜我命不该绝，苍天有眼，恰好此时我母亲正在离我约50米远的田埂上打猪草，听见我的呼喊声飞也似的跑过来，把我从水里救出来，看着我哭哭啼啼和全身水淋淋的模样，先摸着我的头用手从头到脚不断地将我身上的水擦掉。母亲无可奈何地对我说："儿子，我实在没有办法了，才让你走这条路：一可以靠自己的双手养自己，二可以学点文化。怪我没有能耐，不能让你像人家孩子那样去读书，让你受苦受累，是我们的命苦啊！”然后她帮我装了大半担水并叮咛说：“挑着担子要慢点走，注意看路。”“小心点，千万别摔倒！”母亲站在那里直瞪瞪地看着我矮小的个子挑着一担大水桶光着脚一愰一愰地沿着通往村子里那条不平的石板路走去，直到我进了村，母亲眼里充满了泪水，心里滴着血，忍受着无比的酸痛。

六、学裁缝挨师傅一尺子

1950 年秋，母亲与我村在火湘桥开裁缝铺的两个师傅讲好，让我跟他二人学手艺。我去的初期，基本上是打杂，跑踶、采购、做饭都是我的事，他们只教我绞扣眼，过了两个月才教我绞扣袢、钉扣子。缝纫机根本不教我用，也不让我动。因为我有点文化，所以也让我记账。但师傅一不顺心就骂我，训斥是常有的事。有时讲的话让我听了心里十分反感，说什么“两个人做事还要专门请个做饭的”，我心里想：我明明是来学手艺的，怎么说是专门做饭的呢？有时师傅火气来了，还要打我，记得有一次，不知道我做错了什么，一位师傅拿起一把竹子做的尺子向我头上“啪”的一下打来，我捂着挨打的地方，半个小时后还在疼痛。有一天他回村，也要我跟他挑些东西回去，我将挑的东西放在他家，就回我家了，我对母亲说了挨打的事。母亲听完沉默了很久才告诫我说：“师傅打徒弟只要没打伤，痛了忍一忍就算了，没什么大事，今后要听师傅的话，好好学手艺。”我听了点了点头。到这年底我回家结束了半年的学徒生活，次年土地改革，我就又走上了求学之路。

第三篇

我的求学路

一、读了一年公办学校

1946 年下半年我读了半年的公办学校就因家里生活所迫于次年上半年休学了。1947 年秋天，我又哭着求母亲让我上学，母亲望子成龙欣然同意。这半年我深知机会来之不易，非常刻苦，学习成绩使老师和母亲十分满意，老师经常在各种场合表扬我，在这所小学，我的学习成绩已小有名气了。亲戚朋友和叔伯兄弟见了我也笑眯眯地夸我学习好，并鼓励我以后争取更好，我信心十足。可惜不知为什么公办学校于 1948 年上半年停办了，我又面临着休学的处境。

二、陈光祥老师免费让我读私塾

1948 年春节过后，我的启蒙老师陈光祥迫于公办学校不办了，就准备办私塾，为村子培养人才贡献力量。按过去的惯例读私塾要向老师缴“月钱月米”，一个学期结束后再向老师缴一定的钱粮。我因为家境太差读私塾就只能望而生畏了，不敢奢望。可是由于陈光祥老师对我怜爱，给我继续读书带来曙光。他深知我家庭的困境和我的学习情况，所以他特嘱咐董事会董事陈振光来找我母亲，说：“叫你儿子去读书，光祥说了，不要你缴月钱月米，一个学期结束，你家如果可能就缴点钱粮，如果不可能就不缴了。”母亲高兴地说：“有这种好事，我谢谢您和光祥老师了！”全村人都知道我是这个私塾中一个不用缴钱粮的特殊学生。光祥老师还曾对我母亲说：“你儿子若不读书就太可惜了！”我在此读了一年半的私塾，学业大有长进，特别是语文方面，光祥老师从一本《模范作文》中选了很多篇教我们，并要求背下来，我能将每一篇流利地背诵，且在作文中能初步运用了，老师看了我写的作文后，在文后用红笔批上“good”并在讲课时念给大家听，要求“大家向德世学习”。这激发了我对语文和作文的浓厚兴趣，为我以后在这方面的学习打下了较厚重的基础。

三、在补习班一边做饭一边读书

1950 年初，光祥老师准备办补习班，这对学生的要求和教学方法都有区别，学生要寄宿，要补习语文和数学准备升学的。由于家乡还未土改，我家的境况并未得到改善。吃饭问题都没解决，更没有钱，我就只能辍学。为了让我既有饭吃又能读书，恩师又一次为我广开一面，做了精心安排，该补习班共有学生 12 人，都是男生，都在补习班吃住。恩师让我为他们做饭，但不做菜，菜从各家自己拿。我除了做饭外，还挑水烧水，供学生使用，烧的柴由我母亲供给。每餐按人头拿米下锅做饭，我吃大家的饭，轮流吃每个人的菜，每人一天，因家穷自己没有卧具，所以轮流与其他同学共用被褥，每人一晚。他们上课时我跟着听课，他们自习、复习功课时，我挑水、烧水、做饭、刷锅、洗碗，他们休息玩耍时我做作业复习功课，跟着他们一起考试。我最艰巨的任务莫过于挑水，一天要挑 10 多担水，往返走 10 多里路。我还每天回家挑柴。一天上午我回去挑柴，母亲一早就砍柴去了，出去时晴天，可是后来下起小雨，我赶紧拿着斗笠和蓑衣，向她砍柴的方向跑去。我跑了 1 里多路到了青冲口边，见母亲挑着柴，淋着雨，匆匆赶路。她衣服都湿透了，当时我心里五味杂陈不知说什么好，哽咽着叫了声妈妈。她披上蓑衣戴上斗笠挑起柴继续往前走，她在我眼里的形象是如此的高大，没有什么能与她相比了。我可爱的母亲，您为儿操碎了心，费尽了力，您太辛苦了！我暗下决心：一定更努力学习，争取用更好的成绩来报答母亲。光祥老师把我与其他学生一样看待，我的作业也一字不漏地认真修改，有错误的指出，好的他会同样给 good，或加上评语。我的作文他同样在课堂上念给大家听，并当场表扬我。我内心的喜悦无以言表。期终考试后恩师说：你这个学期的进步比他们都快，成绩也比大家好。我心里明白这是他对我的鼓励。

四、读高小时跳班

1951 年秋，我的家乡经过土改，农民成了这片热土的真正主人，母亲准备让我去珠山完小上高小，并从此改名叫陈界，一直至今。我的恩师陈光祥特向我建议：根据你的情况，你不要从高小的五年一期学起，你应该跳班从五年二期学起。于是我去完小参加了跳班考试，完全合格，顺利进入珠山完小五年二期学习，当时甭提我有多高兴了。这个班有 50 人，他们都已进行完五年一期的学习，只有我是新来的与大家都不认识，由于我当时身上长了疥疮，手上、脸上都有，大家对我敬而远之，不愿与我接近。我后来请假回家几天把疥疮治好了。又经期中考试，我的成绩竟然居全班第一，老师和同学对我就另眼相看了。我本来受压抑的心情就轻松多了。很快我由教导主任王学斌介绍加入少先队，第一次戴上了红领巾，我兴奋不已。

次年春开学不久学校学生会改选，我被选为学生会宣传部长，又过了一段时间，学校少先队的中队改为大队，我为首任大队长，我在学校几百名学生中出头露面的日子越来越多了。这年暑假我收到哥哥的来信和包裹，里面是给我学习用的一支钢笔和红蓝墨粉各两袋，以及给我做棉衣的一块布。开学后我就去做了一件棉衣，这是我出生以来穿的第一件新棉衣。最后一个学期，学校举行作文、演讲、少先队知识等三项比赛，出人意料的是：这三项的第一全由我拿到了。学校每次公布各班期中、期末考试成绩在班上我都是第一。1952 年我以优异成绩完成高小的学业。

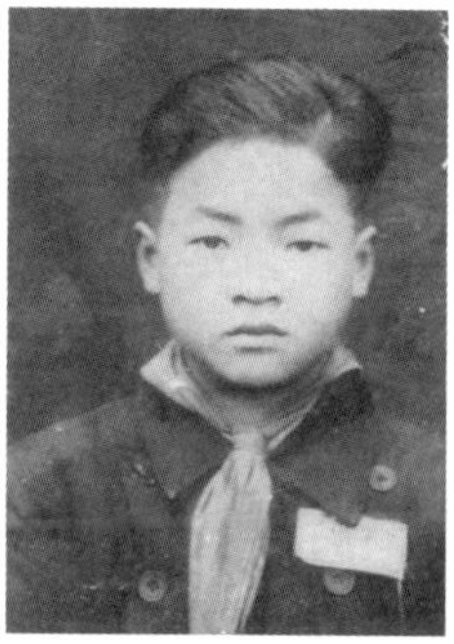

1953 年 2 月作者高小毕业时照

1954 年 2 月重姣高小毕业时照

高小毕业时与校长鲁鑫（后排左三）、辅导员张秀帆（后排右三）及各位中队长合影（后排正中为作者，时任高小第一任大队长）

从我读高小起到1955年初读初中二年级，有三位堂兄曾帮助过我。一位是老玉哥，他少年时父母双亡孤身一人，一直给地主扛长工，新中国成立后翻了身，知道我要去高小读书，就给了我1元钱，并说："好好读书。"另一位是木仁哥。入冬了，我周日从学校回家，木仁哥见我没戴帽子，就将他头上的帽子脱下给我戴上，说："以后你就戴着它上学。"还有一位是陈纪哥哥，他1950年冬读初中时参军，1955年复员，特到零陵二中去找我，给了我3元钱，还带我去饭馆吃饭。虽说这些都是滴水之恩，我也未能涌泉相报，但我却铭刻在心，永记不忘，内心深处对他们充满了感激。

五、去广西全州寻求读插班生

由于当时实行的是秋季招生，我1952年年底高小毕业便不能升学，只好在家一边复习功课准备1953年秋季参加初中入学考试；另一方面也寻求别的升学机会。恰在1953年春节后，我高小的三个同学最后一个学期没读，而在1952年暑假去广西全州县参加初中入学考试都被录取了，我高小毕业时，这三个同学已在初中读了一个学期了，于是三人中的陈建文建议我去广西全州中学参加初中一年级二期的插班考试，我欣然同意，我高小同班同学陈宇豪也愿意去，于是我二人与陈建文约好次日下午去陈建文家集合，第三天由他带领我二人前往。

我三人兴致勃勃地在早饭后就出发了，准备到黄沙河火车站乘火车去全州。没想到：我们到站后火车早已开跑了，而且每天只有这一趟车。这里离全州县城有60多里路，只好走路去，可是走了不到1里远，陈宇豪突然说他不去了，就转回家了，我仍痴心不改，跟着陈建文走了八九个小时到了县城天已经黑了，找个旅馆住了一夜，次日上午他带我去学校，他报到后就帮我打听学校初中一年级二期招插班生的事，询问了几个地方都没有结果，我便像泄了气的皮球坐在那里不动了。陈建文也没有办法他安慰了我两句。我闷闷不乐慢慢朝火车站的方向走去，准备乘火车回家。

我在家半劳动半复习功课，我高小的班主任邓飞龙老师对我的升学特别关心，为我搜集了一些有关升学的资料托人带给我。我认真地准备暑假去县城参加初中入学考试。

六、考取零陵二中

初中招生考试的日子临近了，首先遇到的一个问题是没有盘缠，于是母亲让我背了一斗米去火湘桥卖了作盘缠，次日母亲起床做好饭菜把我叫醒，我仓促地吃了饭带了些行李出发了，母亲站在门槛上看见我在月光下一步步地往前走。我穿过两边金黄色稻田的小路，走到东西坊村前，天还没有亮，在一块大田里，有好几个人在割稻子，我不敢再往前走了，因为前面不远的保和桥经常"闹鬼"，于是我便与割稻子的聊起来，不久天已蒙蒙亮了，我才往前走，到了湘桂公路上，太阳已经升起，我迎着初升的阳光向东大步走去。快到珠山镇时，我遇到了高小的魏禄同学，这里离县城还有约80里，正好二人一起有个伴，他也是去考初中的。一路上我们海阔天空地聊着走着，下午4点多才到零陵，在柳子街找个旅店住下。次日我到零陵二中找到我村刚初中毕业并进行了升学考试等待通知的陈芳，一方面想向他打听一些有关情况；另一方面，考完升学考试还要在这里住好几天，等待发榜，我带的路费远远不够吃住用，想向他寻求帮助。他知道我家经济情况，没等我开口他就说，晚上你就与我在一起凑合睡，把住旅馆的钱省下来，其他的开支，你节省点用。就这样我每天与他睡在集体宿舍的一张铺上。由于我村已在县城读初中的三个人都在二中，我听了他们的建议便报考二中。考场离二中约500米，我按有关要求做好了准备，等考试完后，我自己觉得考得不错。约1800人参加考试，只录取150人，我自信能够考取，所以我的心情一直都很轻松愉快，陈芳对我各方面都予以关照。

等了几天，正式发榜，我排名第十六，可说是百里挑一了，当时我高兴得几乎要跳起来。陈芳的升学通知早两天已到，我与陈芳一块步行90里回家，从学校出门后，他带我去吃了一碗面条就赶路回家，实际上我已身无分文，靠他支持我，我永记不忘。

回到家见了母亲说我考上了，她高兴地对我笑了笑说："这下你奶奶的坟上冒青烟了。"可当她知道去上学要交各种学杂费包括伙食费共40元时，母亲犯愁了，到哪里弄这么多钱？后来有人告诉她可以到村里的信用社去借，当时管信用社的是陈德浣，于是她找到陈德浣说："陈界考取二中了，去读书要40元钱，你借给我50元，以后我有钱了就还给你。"他听了说："这是好事，我们这样一个大村子，只有一个人考上中学，应当支持。"母亲说："你可帮了大忙了，我们会感激你。"母亲拿着钱对我叮咛："这50元你都拿去，40元交学校，还有10元你拿着买套衣服和必需品，剩下的以后慢慢用。"我点了点头，把钱装好。三天后是开学日，母亲赶早起床做好饭菜叫我吃了早点走，并反复叮嘱："路远一定要小心，累了就在树荫下休息一会儿，渴了找点水喝，饿了买点东西吃。""到学校一切手续办妥了，安下心来好好学习，给我写封信，我会想你的，期中考试完了，如果能请假，回来看看，离我远，见不到你，要听老师的话啊！"饭后，我用一根小扁担挑着母亲给我准备好的行李(含衣被)约20来斤上学去。

我进入零陵二中，对一切都感到很新鲜，我特别珍惜，校长、教导主任、班主任、任课老师都和蔼可亲，对我们就像对待自己的孩子，希望大家好好学习，天天向上，快快成长。我进步很快，入校不到两个月由教导主任周佩钦介绍入团，是班上入团最早的一个，学校要给学生评定助学金，根据家庭情况分为甲、乙、丙、丁四等，分别是 8 元、6 元、4 元、2 元。我被评为丙等，每月有 4 元，一个学期按 5 个月是 20 元，所以到期末学校总务处退给我 20 元。这样我第二个学期要交的钱就有了。期末考试我各科成绩优异，各方面获得了丰收。

在放寒假前，学校要召开家长会，半个月前就已发出通知了，我估计母亲不可能来参加会议，原因是：她不识字，路远，也没来过零陵城，再说家里只有她一个人。可是在开会的头天下午，天还在下着毛毛雨，她却打着伞来到了学校，我非常惊奇，一些同学知道情况后也很惊奇。她说："学校开家长会有关我儿子的事，我困难再大也要来。"她把来开家长会看作是她的荣耀，她说要是在旧社会这学校的门她都进不了，更别说来开家长会了。从家到学校 90 里路母亲走了两天，头天走了 50 里就天黑了，就在马路边一个老太太家住了一夜，第二天又继续问路向前走，也不知问了多少人，才走到学校。学校热情地接待来开家长会的家长，安排得很周到，母亲对学校十分满意。第二天开会，母亲全程出席会议。第三天吃了早饭，我先带母亲进城里的照相馆照相，这是她第一次照相，然后又买了些东西就一起回家了。

初中第一学期末母亲到校参加家长会后留影

1954 年秋，新学年开始不久，学校学生会改选，我被选为学生会秘书长，掌管学生会的大印和日常工作，烦琐的事情不少，甚至本县其他中学的球队找二中的球队比赛也要找秘书长，很多学生会的事情人家不找学生会主席却要找秘书长，我只好都应承下来也算是个锻炼自己的机会吧。1955 年春开学不久，学校要评选优秀学生，分班级、年级、校级三级，每一级都有一定的数量限制。校级优秀限额三名，我被评上校级优秀生，这是我第一次得到这个称号，我写信告诉在部队当兵的哥哥，他格外高兴，鼓励我今后争取更好的成绩。

1955 年暑假第一周，学校团委对学生干部进行培训，结束后我才回家过暑假。启程的头天晚上吃过晚饭，次日早起赶了 30 多里路还未吃未喝，我既饿又渴，摸摸衣袋里只有 8 分钱，在黄田铺吃了点饭菜还没饱就花光了。接着又走了 60 里路才回到家，我已觉得十分疲倦。母亲让我休息一会儿等饭菜端来要我慢慢吃。吃着香喷喷的饭菜不禁从内心充满了对母亲的感激之情。

1956 年春节刚过，我接到学校通知：保送我去南昌航空工业学校读书。我和村里毕业于二中未考上学校这次航校来招生被录取的陈宜同时接到通知，我二人一起步行前往，走了 90 多里到零陵四中报到。有关人员不在四中，被告知到某个旅馆去找。我找到招生负责人被告诉说：你是保送的，他们都去学校了，你来晚了，此次就不要去了，等暑假招生时再去，保留你的名额，我给你们杨校长写封信，你去见他。我不得不再去学校把信交给杨校长，这时已经到了晚上 10 点多了，我已是人困马乏，再也不愿意走了。在旅馆里住了一夜，陈宜去南昌，我独自又步行 90 余里回家。其实我志在初中毕业读高中将来读大学，故对读中专并无兴趣。所以初中毕业时我报考了普通高中，中专我一个志愿也没有报，我如愿以偿考取零陵一中。

在初中的三年中与我相处最好的同学是李建林，他是个全才，不仅数理化好，文史地也好，画画写字也不错，高中我二人又在一个班，但到高中三年级时，他因病休学，我考上大学时他到汽车站送我，准备复学第二年参加高考。1960年他考取北京农业机械化学院。我们节假日有时相聚，他有时来北大，我有时去他的学校，当我在恋爱中与对象发生矛盾时我都求助他，他竟写信说服了对方使矛盾妥善解决，为此我和我爱人特别感激他，我爱人一直夸：李建林真好！后来李建林大学毕业分配到广西南宁水稻插秧机厂，以后当了厂长。1984年我去南宁开会，他先来宾馆看我，又把我接到他家吃饭，得知他有二女一子。我离开南宁时他用小车把我送到火车站，并送我上车。次年他来北京开会，特从南宁背来些芭蕉，我爱人见了他非常高兴，可惜我不在家，他连饭都没吃就走了。我次日回家去他开会的地方找他，并约他小聚，他说他火车票早买好了，再等2个小时就必须离开这里去赶火车，无奈只好分手。到1997年我去南宁办事，特去看他，他因患脑溢血在家休息两年，生活勉强可以自理，他见了我老流眼泪，话已不多了。我回京与他保持联系，每年通三四封信，一直到2005年我给他写了3封信都没收到他的回信，我心中很是担心，真没想到他2004年底去世了。我失去了一位好同学，我一直在怀念他。

与初高中同班、大学同市同学

李建林(右)于1961年合影

七、高中进入省重点

零陵一中建于1903年，由蘋州书院改为永州府官立中学堂，是国内首批成立的中学堂之一，几经改名后于1952年在回龙塔旁、潇湘之畔建起新校舍，定名零陵一中，是湖南省 11 所重点中学之一。校园广阔，绿树成荫，校舍宽敞壮丽，教学水平和管理水平堪称国内一流，名播三湘，成绩居省内前茅，是治学育人的极好地方。为国家培育了大批人才，遍及海内外。例如，中国共产党第一次代表大会代表、党的创始人之一、马克思主义哲学家、教育家李达就毕业于这里。我能成为该校的一名学生要在这里完成高中的学业内心感到十分自豪。

作者高中时

临近开学了，由于天气十分炎热，在烈日下挑着行李一天走 90 余里去学校是一件难度很大的事情，所以我与同村比我小一岁同时考上零陵一中初中的陈宇诚商量决定：避开白天的烈日，夜里走路去学校。开学的前一天，吃了晚饭，西边的太阳将要落山，晚霞让天空变得十分艳丽，好像是要欢送水埠头第一次有两位年轻人去零陵一中上学的幸事似的，我们告别了家人，挑着简单的行李出发了，走到东西坊村前夜色已经降临，到了公路上已经进入夜间，银钩似的月儿挂在树梢，我俩沐浴着月光沿湘桂公路一边走一边聊天，聊我们上学的历程和家乡的变化还有我们的理想，我对他说："我将来读大学、工作后我要写文章在报刊上发表，写书在出版社出版。"在两位青年人眼前展现了一幅美好的前景。后来我们遇到了两位农民，也是走夜路去零陵办事的，我们聊的话题就更多更广了，真可谓海阔天空无所不聊，累了我们就停下来休息一会儿，饿了渴了就找离马路不远的井边坐下来吃点东西，喝点水，歇一会儿继续向前走。走到湘江渡口边已经天亮了，渡过江再走半个小时就到了我向往已久的零陵一中了。我们先在一中大门旁饮食店吃了早点，这时已经上午 8 点多了，学校大门上挂着一条红底黄字的横幅："热烈欢迎新同学！"进了学校，迎新站的一位学长引领我们办理入学手续，然后把我们送到寝室，告诉我们好好休息一会儿再洗一洗，准备第二天上午 8 点去大礼堂参加开学典礼，然后向我们笑了笑又继续接待其他新同学去了。入一中后，我被编在 53 班，是我们这个年级 6 个班中排序最后的一个班，与高 52 班一样全是男生，有人开玩笑说：这两个班是"斋公班""和尚班"。第一学年各班的班干部是学校根据学生在初中的情况指定的，我被指定为班长。因为我爱唱歌，而且唱得还不错，故到了高二年级班干部改选我被选为文娱委员一直到毕业。我们教室讲台后的黑板上方也挂着一条横幅："我们是未来的红色专家。"每个同学一走进教室，这十个大字就会进入大家的视线就被其鼓舞去努力学习，将来成为国家又红又专的建设人才。但是进入高中一年级第二学期后我经常失眠，有时紧张就更睡不好，学习精力下降。就在这个时期我已初步确定我将来进大学学文科，我对文艺小说的兴趣有增无减，巴金、茅盾等中国著名作家的小说我几乎都看过，有时就沉醉在小说中，所以使理科的成绩略有下降，这大概也是失眠的原因之一。

1958 年春开学后，学校开展勤工俭学，全班同学先到黄田铺锤了半个月的道砂，回校上课一段时间后，学校决定让高中二年级 6 个班的 300 余名学生去冷水滩接管一个农场，一边上课，一边参加农业生产劳动，这个年级的所有教师都要一同去。除了各人的行李外，学校还必须搬去这个年级所必需的教学设备，搬迁的 300 多人的队伍浩浩荡荡，各人挑着自己的家当，从学校到农场要走 50 余里的路，一路上全是集体行动，每班要保证自己这个班不能有一个掉队，班主任和班干部写保证。教学用的设备由学校负责用船运输。

前后折腾了一周才安定下来正式上课，一般是上午上课学习，下午由农场职工领着学生去田里劳动，也有今天上课，明天去干一天农活的，根据需要灵活安排，这种半学习半劳动的做法虽然劳累，但能调节脑力和体力，我的失眠症竟然就没有了，能吃能睡了，既在课堂上学了文化知识，又参加了劳动，学得了一些农业技术。我感到这样的教学改革虽不成熟，但有其积极意义。农业生产有季节性，所以学生和老师的很多节假日也只好搭进去了，我的印象中那年的暑假我只过了 10 来天，去水泥厂挑了一天的砖，累得腰酸腿疼，只得到 8 角钱。

到了 8 月下旬学校下令 6 个班的学生要搬回学校去，可是 9 月初刚开学就要我班 50 余名学生回冷水滩农场去秋收，因为种的稻子、红薯、凉薯、甘蔗、甜菜及多口池塘和小水库养的鱼都要收回，然后卖掉。全班同学每人每天要劳动 12 个小时以上，有时多达 16 个小时，累得筋疲力尽，随便倒在哪里就睡着了，体力消耗很大，吃得也很多，除了每天三餐饭管饱放开吃外，还有煮熟的红薯、生凉薯随便吃。干了两个月没有休息，更甭说上课了，连看书看报的时间都没有。总算基本收割完了，回到学校要把耽误的课补上来，准备毕业高考。于是投入半年多的紧张学习备考阶段。

1959 年春开学后，我考文科确定已久，但具体考哪个专业却迟迟定不下来，到后来我看到北京大学招生考试的宣传册，图文并茂，十分抢眼，把文科各系都看完了，最后我决定第一志愿报考北京大学图书馆学系，第二志愿是武汉大学图书馆学系，理由：一是我的理想是将来要写文章在报刊上发表，著书立说在出版社出书，图书馆有很多书，为我这个爱读书学习的人创造了条件；二是大凡有成就的人或伟人都靠努力读书促使其成长的。就这样确定了我以后的人生轨迹，并坚持至今不改初衷。高中的三年我在各个方面都获得了很大的进步，我永远忘不了老师们对我们的谆谆教导，永远忘不了教导主任蒋传佐半夜查铺给我们盖被子的情景，零陵一中是我一生中永远的眷念。

高53班团支部团员毕业时合影（前排右二为作者）

1961年五一劳动节考上北京的部分高中同学在北海公园合影（后排左起：北京农业机械化学院李建林、北京邮电学院蒋重文、北京大学陈界；前排左起：北京工业学院刘元林、北京大学李坚石）

八、在这里要提三个人

一是我的哥哥陈德治。他 1950 年底参军直到 1957 年冬请假回家探亲,先到学校去看我。我们分别 7 年了,自我上高小以后,他一直都写信鼓励我:好好念书,将来做个对国家有用的人。他在部队很节约,将省下来的钱供我上学,一般开学前一个月左右,他就把我开学需要交的钱寄给我。就在我上高中的第一个学期,他的一位战友与老乡回家探视特地来学校找我,先聊了一会儿后,他拿出两元钱来给我说:"这是你哥哥托我带给你的,你哥哥为了你读书在部队很节省,甚至连香皂都不舍得买,你要努力读书,才能对得起他。"我听了极为感动,并说:"我一定更加努力。"

这次哥哥回家探亲,路过零陵来看我,一见面我的眼泪就流出来了。他带我进城吃了一碗三鲜面,那是我第一次吃这样好吃的面。他对我说:"作哥哥的过去没读书,没文化,很吃亏,你一定要把书读好,有什么困难写信给我。"我说:"我一定努力!"离别前他将 30 元钱给我说:"这是你明年上半年的学费。"接着他回家探望老母去了。又一次见到他是 1958 年春开学不久,他这次虽穿着军装但没有领章帽徽。他见我就说:"我复员了,准备回家种田。"我两眼直盯着他没说话。他接着说:"你还有一年半就高中毕业,以后读大学就好了! 现在好似是做饭,再烧一把火饭就熟了,所以无论如何也要让你把高中读完考上大学。"接着他拿出 300 多元钱交给我说:"这是我的复员费,现交给你,你把它存在银行,需要用的时候取一点,要节约点用,等高中毕业了再把余下的钱给我。"这时我的内心除了充满无限感激外,还能说什么呢!

在这一年半中我花了约 100 元左右，还有 200 元左右取出来交给他。在我求学的路上，他尽了最大的努力，我永远记住他为我做的一切，可惜他 2004 年 72 岁时就去世了，我因各种原因未能回去奔丧，备感愧疚。不过，我可以告慰他的在天之灵：你的弟弟没有让你失望。

二是高中的同班同学唐五林。他的家离我家只有 10 里路，他是个话不多、很实在的人，是班上的劳动委员。有时回家我们约好一起走，寒暑假各到对方的家里，我们在一起玩和交流多种情况，非常开心。1958 年 5 月 1 日国际劳动节，在冷水滩农场，我俩将过节吃剩下的红烧肉，加上一些红枣、白砂糖和糯米混合在一起蒸熟了，吃起来津津有味，我还是第一次这样吃红烧肉。高考时他考取湖北大学统计系。我两次暑假回家路过武汉，是他领我游览了武汉的主要景点。大学毕业他回到永州工作，20 世纪七八十年代我回老家，都是他接送。最后一次见他是 1986 年我与爱人回家，不仅他接送，而且吃住都在他家，他爱人与我爱人也是同学。1989 年我们再次回家没路过永州，而是乘火车到长沙然后乘汽车直接回老家，当我们回到家后，才听说他因患病去世了。我和爱人都十分悲痛，从此失去了一位好同学，我会永远怀念他。

与高中同班同学唐五林（右）合影

三是高中同班同学唐如皎。我与他同岁，又都是班干部，还睡一张双层床，我上铺，他下铺，互相关心、互相帮助。1959 年春节，县里组织慰问团去双牌水库的富家桥渠道慰问民工，我俩都是慰问团成员，慰问结束后，他要回双牌二甲村他家去，我要去双牌看我的未婚妻，正好一路同行，我们步行了20余里到了双牌，约好下午4点再见的地点后就去办自己的事。事后到约定地点会合，他带我穿过一大片稻田，走了2里多路便到了二甲村，他们家就在这里，见了他的双亲和家人，吃了晚饭，寒暄了几句就睡觉了，由于太劳累，次日起床就晚了些，吃了早餐赶到汽车站，车已经开走了，而且一天只有这一趟车，我二人只能步行60来里路回到一中，天色已黑了。当年高考完后，他回家，我特写了一封信托他带给我的未婚妻。后来他考上贵州大学，我们互相通信，毕业他先分在贵州省委组织部后来调回老家先后任双牌县县长、东安县政法书记、零陵区政协主席。我1987年4月为我爱人落实政策一事回零陵住在零陵军分区招待所，他知道后，特来找我，未找到就驱车到于家，然后步行5里到水埠头村找我，又扑了个空，再返回零陵，好不容易在我岳叔蒋华轩家找到我，把我接到双牌他家。我们已是18年未见了，相见后那股亲热劲不必说了，当晚他全家热情地接待了我，次日把我送回零陵。20世纪90年代初以来，我回老家去零陵都是他接待，每次都做了妥善的安排，他费钱费力，我可就省事省钱了。我们真不知道以何回报。他却和他的家人总是把这看作是应该的，但我和我的老伴儿心里感到过意不去。他有个幸福的家，那就祝福他全家更幸福吧！

第四篇

考入北京大学

1959年8月20日中午我的堂侄陈少色手拿我的高考录取通知书来到我家高兴地说:“陈界叔,您考上北京大学啦!”大家都议论起来:“你是我们村里第一个大学生。”有个叫长生的对我开玩笑说:“你怎么这样傻,考到北京去,那么远!”消息很快传开了,叔伯兄弟、亲戚朋友都向我表示祝贺。我母亲更是高兴得不得了,我心潮澎湃,思绪万千,从来没有过的激动和兴奋,我左手拿着录取通知书,右手摸着脑袋一时不知道说什么好,过了半晌,我举起双手大喊:“我考上北京大学啦!”这是我多年来梦寐以求的事情,今天终于实现了,这对我的人生具有十分重要的意义,是非常关键的一步。事实上,这对我以后50多年的职业生涯起了决定性的作用。要是在旧社会我想都不敢想,今天却成了现实,这叫我怎能不兴奋至极!我衷心地感谢共产党和毛主席。

1961年4月作者于北大西校门

大学同班同寝室同学(后排左起李久琦、关家麟、顾鹤皋、周福宝,前排左起陈界、杨企予、张仁发、孟宪恒)

一、走进北京大学

北京大学是我国历史悠久、享誉国内外的第一所综合性大学，这里集中了全国高中毕业生中的精英，众多知名的学者、大师和革命家、伟人等都在此讲学和工作，北大是五四运动的发祥地，是新文化运动的中心，是马克思主义在中国传播的最初基地。她为民族的振兴和解放，为国家建设和发展做出了不可替代的贡献，在中国走向现代化的进程中发挥了重要作用。爱国、进步、民主、科学的传统精神和勤奋、求实、严谨、创新的学风在这里生生不息，代代相传。北大校园美丽的风光格外迷人，博雅塔、未名湖、亚洲最大的大学图书馆是国内任何高校都无法相比的，进入这里的人宛如到了一座美丽的大花园。我有诗为证：

未名湖旁博雅塔，水中倒影尽显它，
石坊石鱼双挺傲，群鱼戏水迷心窍；
湖心小岛游人涌，湖边学子书声朗，
满园百花齐争艳，小山绿树葱葱茏；
蓝天白云阳光媚，空中百鸟齐飞鸣，
人们皆说天堂美，但比燕园差几分。

从这里毕业的学生遍及海内外并以他们卓越的才能和杰出的贡献赢得了党和人民充分的信任和拥戴。能成为她的学生都会感到自豪和光荣。一位来自云南的学生说："尽管专业不理想，但考上北大就等于跨进了一道很荣耀的门槛。"我和他在心灵上是完全相通的，收到北大的录取通知书后我以无限喜悦的心情做了几天准备，告别了家人和亲戚朋友及乡亲们，由我的堂侄生光和松光挑着行李走了5里路送上开往零陵的汽车，又去学校和县里办了必要的手续。然后去双牌向我的哥哥和未婚妻告别。他们对我寄予了无限的希望。

从零陵出发我与高52班考上北大物理系的李坚石同学一同前往北京,到冷水滩买了去北京的火车票。我们都是来自农村的学生,行李简单。上午乘上从湛江到汉口的慢车,次日中午到达汉口。这里是中国的三大火炉之一,天气炎热难忍,加之车站来往人员特多,候车室拥挤不堪。在汉口车站我们认识了祁阳一中毕业考上北大中文系的一位同学,一起乘火车去北京。一路上食品供应很困难,车上没有卖的,各个车站也少有卖的,从汉口到石家庄十几个小时,我们没吃一点东西,饿极了,三人都下车买吃的,我和李坚石都没买到,只有中文系的那位同学买到4个烧饼,他给我俩各一个,真是好吃极了,我俩非常感激他,是这个烧饼给了我们能量到达北京,其印象太深刻,永记不忘。

我们到达永定门火车站后看见一块"北京大学迎新站"的牌子,就走过去,迎新站的北大老同学热情地欢迎我们,并详细向我们介绍了去学校的路线和到校领取行李的方式等等,汽车到了中关村车站就有老同学打着旗帜欢迎我们,进了学校各个系都在进校门内的大路旁设立了迎新站。我走到"北京大学图书馆学系迎新站",这里从事接待的高年级同学十分热情,他们像对待弟妹似的向我们介绍有关入学的事宜,并引领我们办好入学的手续,最后带到寝室安顿下来才握手离开。我有好像回到家里的感觉。

在北大报到注册后,我享受甲等助学金,每月伙食12.5元,生活费4元。我们南方来的学生还领到一套棉衣棉裤和一床褥子。我对党和国家对我们的关心,充满了无限的感激之情。

二、北京大学图书馆学系

北京大学图书馆学系是我高考时填报的第一志愿,结果如愿以偿。该系是1947年由王重民教授创建，起初只招收北大文学院系的毕业生或肄业生，1951年起改为只招收高中毕业生，其生源均为国内一流的高中毕业生中的佼佼者。系里拥有一支高水平的师资队伍，美、英、苏等国留学的占有较大比例，其中不乏国内外知名的专家学者。如王重民教授，1929年北京师范大学毕业，任河北大学国文系主任，后任北京图书馆编纂委员会主任兼索引组组长，后赴法国巴黎、意大利罗马、德国柏林等工作和访问，1939—1947年应邀到美国国会图书馆和大学图书馆工作，回国后任北京图书馆馆长，北京大学教授、图书馆学系主任，编写出版多部专著。又如系主任刘国钧教授1920年毕业于南京金陵大学，后去美国留学获哲学博士学位，回国后先后任金陵大学图书馆馆长、文学院院长，1944年任西北图书馆馆长兼兰州大学教授，1951年任北大图书馆学系主任、北大学术委员会委员，并在北京图书馆(今中国国家图书馆)和中国图书馆学会兼有要职，毕生从事图书馆学理论和其他多方面的研究，其论著丰硕，为图书馆学的发展做出了重要贡献。

该系拥有先进的教学设施和实验设备，还有一个文献资料丰富的资料室供师生们学习和研究。学生除了学习图书馆学的十几门专业课外，还要学习政治理论、马列主义、中共党史、政治经济学、哲学、科技概论和文史地等课程，这些课都由北大各院系的知名教授为我们上课，有的课还特请校外的著名专家来讲，如情报学课就请我国化学家、情报学家，中国科技情报研究所的创始人、所长袁翰清来讲课。北大还特地邀请国内外的杰出专家学者来校做高水平的学术报告，这是北大的一大特色和亮点，一直被很多高校学生所羡慕，吸引了清华、人大、北师大等校的学生来旁听，并把这当作一种享受。

北大人才济济，藏龙卧虎，诸多的杰出人物曾在此工作，李大

在北大图书馆阅读老师指定的参考书

钊、毛泽东就是其中的代表。北大的图书馆是亚洲最大的大学图书馆，其书刊资料的丰富程度，没有哪所中国的大学图书馆与之比肩，不仅有总馆，还有文史哲馆、政治理论馆及各个系的资料室。我们在这种具有浓厚的学术气氛的科学殿堂中熏陶了四年，潜移默化，使我们的知识大大丰富了，视野开阔了，思想上、政治上、理论上、人格上都得到了升华，在我们成长的道路上向前跨进了一大步，为国家为人民做出应有的贡献打下了坚实的基础。在这里的四年所获教益无穷，足以影响我们的一生。

该系自 1991 年起改名为信息管理系，自建系至今 70 年来从这里毕业的学生成千上万，其中一大批已成为国家各部门和各单位的栋梁和骨干力量，为党和人民做出了重要贡献，仅我班 35 名毕业生而言，除了在重要图书馆和情报所担任领导职务外，还有在国家机关任厅局级领导的，也有大学校长及大公司的老总、董事长等。

三、从班文娱委员到系团总支副书记

开学的那天除了学校召开开学典礼和迎新大会外，各个系也召开了相应的会议。我系的会议是在北大第一教学楼的阶梯教室召开。系办公室主任魏香文主持会议，系主任刘国钧教授，系党总支书记闫光华，还有高年级学生代表、新生代表均讲了话，学长们还表演了文艺节目。会议开得生动活泼，很有吸引力，我们这些新生都觉得很新鲜，会上系里还宣布了我们班班干部的组成，我被安排为班的文娱委员，负责组织领导全班的文娱活动。这是沿袭我高中二、三年级时班干部任职。大学一年级除了在通县(今通州区)劳动及去良乡参加整社和劳动时组织了一些文艺节目表演外，很少有其他活动。大学二年级时，系团总支改选，我被选为宣传委员，除了负责系团总支的宣传报道工作外，也与系学生会宣传部长和体育部长配合开展了一些文体活动。1961 年下半年开学不久，系团总支改选时我被选为团总支副书记并负责我系越南和尼泊尔几位留学生辅导员的联系工作，一直到大学毕业。不管担任什么干部做什么工作，我都将其看作是锻炼我的工作实践能力的良机，我都十分认真负责地尽自己最大的努力做好。特别是留学生辅导员的工作，政策性很强，必须严格地按有关规定办事，不能有丝毫的疏忽和马虎。在这四年的社会工作中我的表现令系行政和党组织以及同学们都很满意，我的社会活动能力得到了较好的培养和锻炼，也为我以后在工作岗位上充分发挥自己的才能，做好工作进行了铺垫。我所付出的努力是值得的。

部分大学同班同学与越南留学生在未名湖边合影(后排左起：越南留学生武廷监，同班同学张函、朱全福、陈界；前排左起：同班同学吴秋鸾、何其芝)

四、参加建国十周年游行和天安门广场联欢晚会

1959 年 10 月 1 日是中华人民共和国成立 10 周年大喜的日子，全国人民都准备隆重庆祝，在北京大学也是如此，要开展一系列形式多样内容丰富的活动，其中最重要的一项就是要组织数千人的队伍在国庆节游行通过天安门，迎接党和国家领导人的检阅，晚上还要去天安门广场参加联欢晚会。北大这年招收的 2000 名本科生一般都参加，这是我们大家一致的心愿，我这个穷苦农民的孩子今天能有如此荣光，真是心潮澎湃，激情满怀，这是过去想都不敢想的，今天终能得以实现，怎能不高兴万分。学校在开学不久就组织排练，要求十分严格，特别是队列要求一定要步伐整齐划一，在通过天安门时，不能出一点漏子。所以在平时训练时要求每一个人都必须严格按照要求对每一个动作都要正规进行，务求准确，大家平时在排练时都非常认真，而且都花了不少时间。

10 月 1 日天还没亮我们就起床匆匆吃过早餐，集合步行三四里路到清华园火车站，乘火车到西直门车站下车，再步行到王府井大街后整理队伍准备到时向天安门进发，我们在此等了约一个多小时，北大的游行队伍开始前进，从王府井大街向南然后向西朝天安门挺进，我们排着整齐的队伍朝气蓬勃、意气风发、精神抖擞地大步地跨进，临近天安门时我们齐往天安门城楼上看去，再前进一会就看见伟大领袖毛主席和刘少奇、周恩来、朱德等党和国家领导人微笑着向我们挥手，我们万分激动，无比兴奋，不断地振臂高呼“毛主席万岁！”“中国共产党万岁！”“中华人民共和国

万岁!”广场上人山人海,鲜花如云,歌声锣鼓声响彻云霄,我们都从来未见过如此宏伟壮观的场面,心里感到幸福极了。通过天安门后我们向西长安街行进,到西单大街停下来,学校通知:凡是参加联欢晚会的可以自由活动了,下午在规定的时间和地点集结,然后参加晚上天安门的联欢会。

我与我班的同学步行去北海公园,这是在北京中心地带的皇家公园,离天安门广场较近。去这个公园一游也是我们盼望已久的心愿,今天正好利用这个机会予以了却。我们进了北海公园对这里的一切都感到新鲜,都想拍个照留个影,可惜我们这些穷学生没有一个有相机。

从北海公园出来我们直奔规定的地点,提前到达,然后集合列队,在北大有关负责人带领下进入天安门广场指定的位置。这个位置在天安门广场靠前的中心地点,北大的数千人围成一个大圈,大家载歌载舞表演了多种节目,多种多样的节目真是多姿多彩,令人目不暇接。后来放烟火了,我们绝大多数同学都没有见过放烟火是怎么回事,有的听都没听说过。天安门周围多处往天空同时放真是新奇,五花八门令人眼花缭乱。我第一次见到此情此景,内心感到:真是太好看了,太刺激了,简直不可思议。我们回到学校已是次日凌晨1点左右,虽然很累,但大家的心情是从来没有的高兴。

五、去良乡劳动参加整社

1960年刚过元旦,在北京市的统一安排下,我班全体同学来到良乡农村,先在生产队劳动近一个月。我们大都跟着农民一起劳动,也有由生产队安排我们同学单独从事某项工作的,如积肥。

我们自己开伙，粮食和蔬菜由生产队提供，每天早餐和晚餐吃棒子面粥、窝窝头、咸菜，中餐是炒菜、米饭或馒头。由于同学们来自全国各地，很多人对这里的生活都不习惯，而且劳动强度比较大、时间长，特别是后来去修水库就更艰难，每天还要多走四五里路，劳动强度更大些，由于晚睡早起，早晨起床时一般都赖床，多数人都没有睡醒，叫醒后眼睛还睁不开，还一个个接连打哈欠。但大家知道我们是来锻炼的，不是来享福的，所以再苦再累伙食再不好也没有一个叫苦的，一直坚持，天天如此。我是班文娱委员，有时领着大家唱唱歌，有时找二三个同学一起针对劳动情况编点顺口溜或快板表演一下给大家鼓鼓劲，有时还表演东北二人转。大家还是很乐观愉快的，收获也不少。春节前几天我们回到良乡城关镇参加整社，社员们分成多个组，我班同学分到各组去，除了听他们开会发言，好好学习外，每组还有两个同学做记录，并整理材料。社员都很朴实诚恳，大家有什么讲什么，真正做到知无不言，言无不尽，我们从中受到不少启发和教益。

这年春节的大年初一，没有集体活动，全班同学自行安排，我和同学周福宝、彭修义、夏洪川头天商定：次日吃了早饭去周口店参观北京猿人。良乡离周口店约 40 里路，我们走了约 5 个多小时才到，参观完后还在附近遛了一会儿，已是下午 1 点多了，都饿了，可是这里没有卖饮食的，我们只好往回走，一路上饥渴难忍，多么盼望有个饮食店，可就是没有，无奈只能继续坚持走，已经天黑了才回到住所，大家早已吃过晚饭，饭菜都已经凉了，但我们吃起来感到是那样的鲜美可口，太好吃了，好像从来没有吃过这样令我们难忘的晚餐。这一天我们过得虽然很艰苦，但却培养和锻炼了我们吃苦耐劳的精神。

六、加入中国共产党

在大学一年级时，我读了不少书，其中有些是老师指定必读的参考书，也有些是根据自己的兴趣爱好和某种需要从图书馆借来的，这当中有两本对我的人生有较大影响，一本是刘少奇同志的《论共产党员的修养》，另一本是陶铸同志的《理想，情操和精神生活》，我都认真读了两遍，并做了笔记，对大一学生来说，这是两本自我教育的极好教材。这样我加入中国共产党为共产主义事业而奋斗的愿望更加强烈，我的激情在燃烧，热情在奔放，于是第一次向党组织递交了入党申请书，并付诸行动，经常检查对照自己的言行，吾曰三省吾身。而且一定时期就向组织上汇报自己的思想觉悟情况，及时得到组织上的关心和帮助，沿着正确道路前进。我向党组织多次表示，我在旧社会是一个要过饭的苦孩子，没有机会上学，解放了是党把我培养成了一名大学生，我从心底里感谢党，要为党努力工作，为党的事业贡献出我的一生，所以一定要按照党的要求去做，让自己成为一名共产党员。大二时党组织把我作为重点培养对象多次找我谈话，悉心地教育我，我进步较快，在 1961 年 8 月 1 日由本系的共产党员黄爱华老师、共产党员同班同学陈一经介绍加入中国共产党，成为一名预备党员。在为期一年的预备期间，我按党员的标准严格要求自己，获得较大进步，并如期转为正式党员，真可谓生我是娘教我是党，党给了我智慧，给了我力量，给了我战胜困难的信心和勇气，使我沿着党指引的方向不断前进，为党的事业做出了自己的贡献。

七、北大毕业

在北大学习生活的四年是美好的四年，也是同学们团结、紧张、严肃、活泼的四年，是十分激情有意义的四年。在课堂上我们认真听老师讲课和听著名学者做学术报告，课余时间我们漫步在未名湖畔、博雅塔旁；自学与复习功课时我们在校园的树荫下全神贯注地阅读课本或老师指定的参考书，或朗读外语，或与同学一起研讨问题；星期天和晚上多在图书馆、系资料室、开放教室一坐就是几个小时废寝忘食地读书，很晚才回宿舍睡觉；每周两三次电影是不可少的；有时我们要去北大图书馆、国家图书馆和中国科学院图书馆结合专业课程实习，将理论与实践紧密结合起来；有时还会结合课堂教学，搞户外活动或参观，如讲天文学，就会去天文馆参观，或组织看有关电影，讲中国通史就组织去中国历史博物馆参观；早晨起床后就在校园里或大操场、体育馆去锻炼身体；有时星期天班上也会组织去颐和园、香山等景点游览。四年大家付出了辛勤的劳动和汗水，达到了德智体美全面发展的要求。我和全班同学都以各个学科成绩合格准予毕业。毕业前夕陆平校长、周培源等领导、有关老师与毕业生合影留念。学校举行午宴，各级领导和任课教师与毕业生共进午餐，校团委书记刘文兰同志与我们同桌共饮毕业酒。更令我们永远不能忘怀的是：敬爱的周总理日理万机，还抽出宝贵的时间来人民大会堂给首都高校毕业生做重要报告，他意味深长地对我们说："你们要知道，今年我国毕业的大学生是 20 万人，但我国一年出生的是 1200 万人，就是说还有 1180 万人上不了大学，你们身上的担子很重；你们要工作到老，学到老，改造到老。"他的这些话已过去

50 多年，今天仍在我的耳边响起，还在激励着我不断地奋进。当我拿着“北京大学毕业证书”时与我四年前拿着“北京大学录取通知书”时同样是踌躇满志，激情满怀，但也深感其意义却大不一样。在北大的四年，受其浓厚的人文和学术环境熏陶，在潜移默化中我们的人生观、世界观及专业思想均发生了由量变到质变的转化，为我们所从事的事业、为党和国家、为人民的福祉贡献出自己的一切力量奠定了基础。我们经常会用此鞭策和激励自己不断前进，我会经常想到，我是北大毕业的，在任何场合都不能给北大丢脸，把应该做的事做好，为北大争光，北大人无论到哪里都应该是最棒的。让我说一声，再见吧！北大！我的母校！您是我永远的荣光和眷恋。

北大毕业前校长陆平（二排正中），副校长周培源（二排左六）、魏建功（二排右六），系主任刘国钧（二排右五）、系党支部书记闫光华（二排右四）和系的教授等与全班同学合影

大学同班同学毕业20周年合影(后排左起张文彬、关家麟、李久琦,中排左起肖自力、彭修义、莫作钦、毕玉洁,前排左起张涵、陈界、朱全福)

第五篇

入军事医学科学院

一、从军洗礼

军事医学科学院是1951年为了适应抗美援朝战争的需要经中央军事委员会批准成立的我军最高军事医学科学研究机构，拥有一批著名的高水平的军事医学科学研究的科学家，自组建以来在中央军委总后勤部的领导下充分发挥了科技人员的积极性和创造性，研究出了一大批科研成果，特别是其中的特种武器战伤防治研究获得了国家唯一的一项特等科技成果奖。能够进军事医学科学院成为其工作人员之一，为我军的军事医学科研做出贡献，我感到莫大的荣幸。

大学毕业前夕，去北大要毕业生的单位很多，就我班35名同学而言可去的单位达100多个，当时填报志愿可以填多个去向，我第一个填的是中国人民解放军总政治部(当时去北大要毕业生是军事医学科学院通过总政治部以总政治部的名义要的)，第二个是拉丁美洲研究所。我被军事医学科学院政治部杨铎同志挑来，满足了我的心愿，真是令我心花怒放，笑逐颜开。

1963年8月2日，我去中国人民解放军总政治部办完必要的手续，要了个出租车(这是我第一次乘出租车)将行李拉到军事医学科学院。该院戒备森严，过了一道岗又是一道岗，该单位被定为绝密单位。我好不容易到了军事医学科学院政治部干部处报了到，按干部处的安排，我报到后可以回家去休假一个月，9月初返回参加入院教育。

我回到老家，家人和乡亲们知道我北大毕业后参了军，当了军官，别提有多高兴了，说："你是我们水埠头的骄傲，你为我们村子添了光，争了气。"说得我还真有点不好意思。有些人还特别向我母亲道喜来了，说："你家陈界大学毕业就当了军官而且又在首都，真是没有想到！"母亲笑在眉头喜在心，说："这都是党和毛主席领导得好，也是你们大家支持和鼓励的结果，还得谢谢你们哩！"我在家乡待了一个月，按部队要求准时归队。

北京的秋天是金子般的季节，天高气爽、万里无云、鲜花似海、景色迷人。9月初，来自全国各名牌大学的100余名本科毕业生聚集在军事医学科学院的小讲堂内聆听各位首长对我们的谆谆教诲；认真地听取有关负责人员为我们讲解军队的各种条例和党的各项有关政策，以及军事医学科学院的各项规章制度，还向我们这些初来乍到的军事医学科学院科技人员的新秀详细介绍院里各方面的情况，大家都认真地做笔记，热烈参加讨论，积极地发表各人的意见和感想，让人听了真是有初露锋芒、初生牛犊不怕虎之感，大家在一起互相交流，互相学习，院里还组织我们参观学习，进行实地体验，时间不长，但收获不少，是我们从军后的洗礼。

1963年入伍时照

同时到军事医学科学院后下连在一个连当兵的大学毕业生合影(后排左起连队战士、孙存普、丁林茂、沈孝恩，二排左起赵立平、蔺永刚、颜立成，前排左起韩慧民、蔡连长、王指导员、陈界)

二、下连当兵

按照规定，来军事医学科学院工作的大学毕业生必须首先去野战部队当兵锻炼半年，与基层连队干部战士打成一片，体验连队生活，学习军事技术和连队干部战士的好思想、好作风，不断地提高自己的政治思想觉悟，具备基本的军事素质，不断地树立起为部队服务为部队搞科研，为打仗做准备的思想。所以国庆节后，军事医学科学院通过有关部门把我们这 100 多名大学毕业生送到河北宣化 4629 部队的连队当兵，每个连分配八九名，一个班一名，我与另外 7 位被安排在六连。南京大学毕业的丁林茂、清华大学毕业的孙存普与我分在一个排。部队的团、营、连各级首长热情地欢迎我们来部队当兵锻炼，待我们就像亲兄弟。

到了连队后，一切按战士的要求，与连队战士同吃、同住、同训练、同学习、同劳动。除每天的早操和日练(练队列、刺杀、投弹、射击、越障等)外，我们的第一项任务是翻田，就是把已经收割了稻子的田里的泥土翻过来。由于田里不很干，所以用铁锹一铲，泥巴就沾在铁锹上，还必须两手使劲抖动一下泥巴才能脱落下来，这样干了半天不少人的手就起了泡，没办法大家咬着牙坚持干，一天下来累得腰酸腿疼，次日还得照样去干，这对于我们树立吃苦耐劳的精神是一次切实的锻炼，就这样干了一个月才干完。

11 月初，我们连搬迁到宣化龙烟钢铁学校进行冬训。先是构筑工事、挖战壕，记得有一天刮着五六级大风，气温在 −20 ℃左右，虽然穿着棉衣、棉裤、棉鞋，戴着棉帽，干着很强的体力活，但仍觉得太冷，真是寒风刺骨，实在不行了就躲在掩体内或蹲在战壕里避风，把手套脱下，用手轻轻揉揉脸，而且还不能时间长了，要防止冻伤。如果没有吃大苦耐大劳，不怕天寒地冻的精神，真不敢设想能坚持下来，好在这样的大风不是天天都有。

更令我们难忘的是12月去外野营拉练10来天。在各级首长进行动员后，大家共同讨论表决心，写决心书、请战书，做好思想准备和必要的物资准备后就出发了。一般住在老乡家里，每到一地，首先帮老乡扫院子挑水，在拉练中进行了一些必要的军事演习，如全副武装背着背包，在开阔地跑，躲防空警报，在崎岖不平的山路上跑，还有上山下坡。有一天每人发了10发可以打响的没弹头的子弹，进行进攻战演习，而且有几种不同的地形接连进行。演习结束时，在零下摄氏十几度天气中我的衬衫、绒衣都被汗水浸湿了，已是筋疲力尽。但是最困难的一天是我们没想到的最后一天，按原计划这一天的路程是90里，凌晨3点起床吃完早餐就集合出发，行军路上也要进行一些演习，行军不久，我的眉毛由于呼出的气结成了白霜，走了四五个小时后，汗水不仅湿透了我的绒衣棉衣，而且把我的背包也湿了巴掌大一块，我感到惊奇不已，我还是第一次经历这种境况。吃了午饭，略作休息，又继续行军，走了20多里，我们估计就该到宿营地了，在这里住一夜，第二天离我们部队驻地只有40里路就不发愁了。这时已是下午4点左右，得到团部命令：今天晚上一定要赶回去。这使我们大失所望，真不愿再走了，可还有40里路怎么办？军令如山，军人以服从命令为天职，还得挺起腰杆，硬着头皮继续往前走。又走了3个多小时，我的脚实在不想往前迈了，步子小了慢了，这被跟在我后边的扬州农学院毕业同时来到军事医学科学院当兵分在一个连的颜立成看在眼里。他个子比较高大，比我轻松一点，于是就主动把我的枪拿去说："我给你背枪吧！"这对我来说是很大的帮助，减轻了我的负担，也给了我鼓舞，心想我不能再落后了，不能拖全连的后腿，一定要鼓足劲走回驻地。同时我对他充满了真诚的感激之情，永远也忘不了他为我背了十几里路的枪，也充分地体现了他与战友同甘苦共患难的情谊。当我们回到驻地时已是晚上 10 点多了，我背包没解下就躺下不愿动了。这一天我们吃了这么大的苦，这对我是一次终生难忘的锻炼和考验，也为我以后战胜很多困难提供了支撑力量。

1964 年春节刚过，连部通知我，让我去团部搞团史展览，团部一共抽调了四名军事医学科学院来当兵锻炼的大学毕业生帮助做这项工作，吃住在团部，一切活动由团部安排，这虽然比在连队要轻松些，但也有它的特殊性，几乎都是动脑子想办法的工作，而且花的时间相对要多些。我们四人干到 3 月底才回到连队。4 月上旬我们怀着胜利的喜悦，满载着思想上丰收的果实回到了军事医学科学院。离开连队时部队的首长和战士们含着热泪欢送，回到北京时院首长和有关领导热情地欢迎和鼓励，使我们的心里总是甜蜜蜜的。半年的连队当兵足可以影响我们一生。

三、初入军图

军事医学科学院图书馆于该院 1951 年建院时开始筹建。当时的院长宫乃泉将军很懂得医学图书资料对医学科学研究的重要性，并在担任新四军卫生部长时亲自建了一个藏书丰富的图书馆。建院之初宫院长就从复旦大学调来了任该校图书馆编目部主任和代馆长既有渊博的知识又有很高的英语水平和丰富的工作经验的吴尔中教授筹建图书馆，不久又调来四名大学本科毕业生来做他的助手。宫院长充分信任他，放手让他大胆地工作。他在宫院长的领导下积极努力工作，并且采用国际上先进的理论与方法办馆。到1953年正式建馆时已经搜集了一大批珍贵的文献资料，能基本满足军事医学科研工作的需要了。到1963年我到馆时已经发展到有专业工作人员30来人，书刊资料近30万册，馆舍面积3000平方米，在国内已是一个有较大影响具有特色的专业图书馆了。吴馆长在国内同业界具有很高的知名度，中国科学院图书馆和国防科工委情报所都曾请他去讲课，并向他咨询若干有关业务问题。他所领导的这个馆在全院科技人员心目中对科学研究所发挥的作用是无可替代的，他得到了科学家们的尊敬和信任，也得到了组织上和领导上的重视，获得不少奖励和荣誉。

我们从连队回院后，干部处把我安排到图书馆，院科技部田晓协理员和吴馆长热情地欢迎我来馆工作。吴馆长向我详细地介绍了本馆的情况和来馆工作应注意的事项，然后带我参观了本馆的各个部门。这是一个全开架式的现代医学图书馆，其藏书以军事医学为特色，以基础医学和临床医学为主体，兼顾其他相关学科。我进入这茫茫的书海里，被各种文字的书刊资料所吸引，我设想着：我将在这里认真地博览群书、研究书、管理书、向科学家们提供有参考价值的书，为他们做嫁衣，使他们能多出科研成果，出高水平的成果，我在这个过程中认真总结经验，探索求新进行理论升华，写文章发表，写书出版，让很多人读我写的书和文章，我将为此而奋斗，将我所有的知识贡献出来。吴馆长带我参观完后语重心长地对我说："你是北大图书馆学专业毕业的，还是共产党员，我希望你在此好好工作，充分发挥共产党员的模范带头作用，为科研提供更多更好的书刊资料，促进军事医学科学的发展。"我暗下决心，一定不辜负吴馆长对我的殷切希望。

当我在读者服务部工作不到一个月，虽然是边干边学，但我已深深地感到，我过去所学的知识远远满足不了这里工作的需要，非常不适应，很多在学校学过的东西这里用不上，而很多工作中需要的知识却没有学过，加之工作生疏，常常搞得手忙脚乱，使我感到茫然。如这里的文献资料绝大多数是英文的，而我过去学的是俄文，所学俄文很少用，而用得多的英语却没有学过，在这里工作的好坏在很大程度决定于英语水平的高低。所以我感到我首先要解决的问题是提高我的英语水平，幸运的是这里的领导已经为我想到了。

四、去上海交大进修

1964年8月底我离别妻子从湖南老家回到北京，稍作休息后，领导就找我谈话："国防科委委托上海交通大学举办干部英语班。为期一年，给我院四个名额，特为你要了一个，他们三个已经先去了，你准备明天就去上海，火车票已经帮你买好了。去后努力学习，回来后好好工作。"我听后几乎如我又一次收到大学录取通知书似的，高兴万分，我的工作多么需要英语，我多么希望能有这样学习的机会，这个机会终于来了，而且来的这样及时，我真幸运！我当时即向领导表示，一定不让领导失望。次日由赵建民同志送我上了去上海的火车。

上海交通大学是我国屈指可数的名牌大学，历史悠久，师资队伍强大，教学设施先进，教学水平国内一流，为国家培养了一大批栋梁之材，能到这里来学习深造是一个难得的机会，也是一种荣耀。来这里进修英语的100人都是来自国防系统的干部，都体会到英语对工作的重要，所以学习中有很强的自觉性，十分刻苦努力，大家从全国各地来到大上海，节假日、星期天却很少有人去玩，基本上都在校内学习，不少人在排队或走路时都拿着小本记背英语单词。加之上海交大抓得紧要求严，安排妥当，照顾周到，所以大家的学习成效十分显著，英语水平提高很快。我的长篇传记诗里有这样的诗句：

组织派遣到上海，交通大学去深造，机会来之不容易，抓紧时间补充脑，勤学苦练不放松，天天晚睡还起早，英语学得很扎实，一年学后用得着。

回到单位工作中，翻译资料登板报，专家看了心欢喜，建议我们出小报，小报发到各科室，大家看了齐称道：既节省了我时间，又满足了我需要。

到交大学习不久，大约是9月下旬，我接到军事医学科学院干部处通知：我被授予中尉军衔。1964年9月"中国人民解放军总后勤部命令"称："奉国防部长林彪命令：根据中国人民解放军军官服役条例，授予下列同志以军官军衔。这是国家和人民给予的崇高荣誉和政治责任。凡获军官官衔的军官，必须忠于共产主义事业，坚决执行中国共产党的路线、政策，严格遵守国家法令，努力学习毛泽东思想，精通业务，全心全意为人民服务，为巩固国防，保卫祖国社会主义建设，保卫亚洲和世界和平而努力奋斗。"同时被授衔的100多人，我是其中第三名。这对我来说是一辈子的大事，是第一次，也是最后一次授衔，因为次年5月全军取消军衔。到20世纪80年代恢复军衔，我是文职干部，不授衔。但我几十年在军队工作，我都是按照命令中的要求做的。我认为：我是一个基本合格的中国人民解放军干部。

1964年被授予中卫军衔

我们在上海交大刻苦学习英语到1965年7月底，带着对这所学校既感激又留恋的心情，不舍地离开，回到工作岗位上，所学英语马上就派上了用场。数年后我调到计划处去工作，我的同事王克俭说我是"双料货"指的就是我先读了北京大学又读了上海交通大学的意思。

1964 年 9 月—1965 年 7 月在上海交大进修全班与校领导和教师留影(前排右四为作者)

五、为科研提供图书情报服务

1965 年 7 月底我从上海交大学习回馆工作,直到 1968 年底我都在我馆读者服务部工作,这是图书馆的第一线工作,天天要与广大科技人员打交道,为他们提供及时、准确、对口的图书情报服务,满足科技医务人员的各种需求。图书馆还有其他各项工作,如文献资料的搜集、分类、编目、宣传报道,编制各类检索工具,组织排架等项工作。而这些工作的出发点都是为了满足读者的需求,这些工作的好坏将直接或间接影响为读者服务的质量。例如书刊资料搜集不全就不能完全满足读者的需要;分类编目搞不好,就会给馆藏书刊查找造成困难,影响读者利用;宣传报道工作不及时或落后就会让读者不能及时了解新的书刊资料，也影响他们及时掌握最新的情报和新的发展动向。所以，做好读者服务部工作是图书馆十分重要的工作，图书情报工作的价值也主要从这项工作中体现出来。

这个部门的工作既复杂又烦琐，工作人员需要有高尚的职业道德和全心全意为科技人员服务的思想品质，想读者之所想，思读者之所思，把读者的需要看作是自己的需要，把他们的困难看作是自己的困难，想方设法为他们排忧解难，提供他们最需要的文献情报。此外，还必须掌握完成这项工作所需要的知识和业务技术。我在这里由于工作不熟悉，有些还不懂，所以是边干边学，干中学，学中干，逐渐地熟悉和学会。老同志是我的老师，我虚心向他们学习，放下大学毕业生的架子做到不懂就问，他们都认真地指点我，回答问题解决问题。我不管什么工作只要需要，并且能做的我都积极主动地去做好。如借书还书、馆际互借、上架、排架、倒架、参考咨询、业务辅导、帮读者查找文献、宣传报道、期刊拆包等到整理装订、图书登录、修补破旧图书等等，我样样都干，工作烦琐劳累，有时工作一天后，晚上还要在借还书处值班，下班前还必须把当晚借出的每本书刊的书袋卡和借书卡按规定排好，进行安全检查，关好门窗。虽然辛苦，但觉得工作在不断进步，为科技医务人员解决了所需要的书刊资料问题，对科研有促进，感到比较充实，心里仍然很高兴。

六、“文革”中挨批判

1966年“文化大革命”开始以后，很多部门受到冲击，无政府主义思潮泛滥，组织纪律涣散，规章制度遭到破坏，业务中断。属于军事医学科学院情报研究所建制下的图书馆也未能幸免，很多重要的书刊被当作“封资修”的东西被迫停订，有的被封存和损毁。馆长吴尔中被错误地作为反动学术权威在全院大会上被点名批判、被打倒、被专案审查。但我与全馆大多数同志一道坚持正面教育，坚持抓革命、促生产，使日常的业务工作虽曾一度中断，但不久就恢复了，受的损失较小，继续为坚持科研工作的科学家们提供图书情报服务，我们对此亦感到欣慰。

但是到 1968 年秋，军事医学科学院受到社会影响，也掀起了一股批判右倾的歪风。由于情报研究所党委领导已经被迫中断，由新成立的党支部领导，我是党支部委员，当时情报研究所批判“右倾”，就是批判支部副书记陈锦石、支部宣传委员陈界，召开全所批判大会，上午批判陈锦石，下午批判我。当时批判我的所谓三条理由：一、我对吴馆长审查心慈手软，让他睡觉；二、不让批判山广芬；三、对朱德煌监护不力。实际情况是我当时对一些人对上述三人一些过“左”的做法提出了自己的不同意见而已，批判会结束后，不少同志有不同看法，还有的私下明确对我说“你是对的”。到后来有些人因此说我“执行党的政策好”。我对此感到无比的宽慰，当然，我做得还很不够，应当做得更好一些。

第六篇

到计划处六年

计划处全体干部正在学习
（后排右一为作者）

军事医学科学院科技部计划处是院首长领导全院科学研究计划的制定、审定、上报审批、下达执行、完成、成果鉴定、试用、转化等任务执行的指挥机构，是军事医学科学院的司令部，在“文化大革命”初期，这个处被无端打成了“黑司令部”，所以到1968年底计划处就来了一次大换血，将原班人马全部撤换为新面孔。我就是在这年的12月调到计划处从事科学研究的计划管理工作，一直到1974年底，整整六年。

一、随工人调查组对全院科研进行调研

我到科技部计划处做的第一项主要工作是随工人调查组对全院科研工作进行调研。“工人阶级领导一切”这在当时是响当当的口号，在军事医学科学研究中如何贯彻？当时军事医学科学院政治委员程坤源组织一个工人调查组对全院各单位的科研工作进行调研。调查组有工人五人是由院各单位抽调的，还有政治部干事郭武华，我作为科技部计划处干部参加，协助工人调查组工作和材料整理，还起上情下达、下情上传的联络作用。在一定时间内要向院领导汇报调查情况，听取指示。

到各个所调查，首先工人调查组向所领导和有关人员说明工人调查组的来意。然后听取所领导对全所情况的汇报，再到各个研究室先听取室领导对本室情况的汇报，再召开全室人员座谈会。大家畅所欲言，知无不言言无不尽，对本室科研工作情况发表看法：好的方面有些什么，存在什么问题。尽量做到具体详细、有凭有据。接着找科技人员个别谈话。最后工人调查组全体人员在一起对这个室所了解的情况进行交流、讨论、总结，肯定成绩、找出问题，并向室领导汇报工人调查组的意见。一个室完了再进行下一个室。一个所调查完后，就要好好地总结调查所获的情况，以及调查组本身的工作经验和教训与下一步的打算。还必须向院领导请示汇报。一个所一般要在一个月才能搞完，所以全院基本搞完大约花了七八个月。但效果到底如何，是否对军事医学科学院的科研工作有所促进？我现在回想起来，当时并未很好总结，领导后来也有些放松，有点虎头蛇尾，所以其效果如何，我脑子里比较模糊。但对我个人而言，这几个月调查使我对全院科学研究工作的历史、现状以及科技队伍的状况等都有了基本的了解，这对我以后无论是从事计划处的科研管理工作还是图书情报工作，都打下了一定基础，很有裨益。

二、到野战部队调查冻伤防治

1969 年底，领导让我去总后勤部卫生部说有重要任务要我承担，我到总后卫生部找到有关人员被告知：北京军区在内蒙古的一个部队在换防时由于部队领导失误，使换防部队冻伤 100 余人，现在军事医学科学院四所冻伤防治研究室的程主任和几位研究人员正在那里协助进行治疗，并告知在 1970 年元月 2 日即与卫生部唐德文助理员一同前往对总的情况进行调查，回京后向军委写报告。

刚过元旦，我即随同总后卫生部的唐德文同志乘火车去内蒙古集宁市(今乌兰察布市集宁区)一个野战师的师部,总后卫生部已事先电告该部有关人员,所以我们乘了十几个小时的火车(慢车)后,一下车就有人把我们接送到师部招待所安排好食宿。我们也向有关部门的有关领导说明了我们的使命。他们告诉我们先好好休息,第二天上午师首长先来看望我们俩,然后由有关首长召集有关各方人员开会,向我们汇报情况。我院四所冻伤防治研究室的程主任也来了,我们都是1963年由地方大学毕业来军事医学科学院的老相识了。会议上首先由一位首长讲话,然后由师卫生科介绍一些基本情况,最后主要还是听取我院四所程主任在野战医院参与部队冻伤人员治疗的详细情况。会议开到下午4点结束,最后决定:唐德文同志先回北京向卫生部汇报大致的情况。我则于次日随同程主任等乘火车到内蒙古与河北交界处的一个小站土龟乌拉下车,已经天黑,再步行1里多路到一个农村边缘的几间简易平房里,这就是野战医院部分医护人员和我院四所的冻伤救治组的所在地。比较重和严重冻伤人员均在这里治疗,这里比较闭塞,可能是出于保密的考虑。第二天吃了早饭,程主任等带我到各个病房仔细查看每个伤员的治疗情况,我目睹了一些战士冻伤的惨状感到十分吃惊:有的耳朵冻没了;有的鼻子冻没了;有的手指头、脚趾头冻坏已经变成黑色干性坏死了,必须锯掉。给我印象最深刻的是:一位入伍不到半年来自广西贺县(今贺州市)不满17岁的战士,因夜间行军,一只手提着马灯,又没有戴皮手套,部队出发时急行军而且准备工作没做好,到一个风口地方停下休息时,他的手与马灯粘在一起了,已经冻坏了,不锯肯定不成。一个好小伙子入伍不久,5个手指头没有了,怎不叫人痛心疾首!怎么向人家父母交代!?我不禁掉下了眼泪。这完全是换防部队领导一起玩忽职守不该发生的责任事故,因此根据不同的情况和所负责的程度给有关人员相应的处分是完全必要的。

我回院后，按照有关部门的要求就此次调查所获的具体情况写了一份详细的报告，先经我院各级有关领导审阅后上报总后卫生部，再由卫生部首长审阅报到总后司令部，总后司令部作战处处长特让我去与他一起对一些具体问题进行核实，再在给中央军委报告的措辞逐字逐句地进行认真的研究讨论才定下来，最后由总后司令部上报中央军委。我的任务总算完成，前后经历了近一个月，这是我一生中所负责的很重要的也很棘手的工作之一。

三、在计划处值班一年

1970年我的全年工作主要是负责计划处的值班工作，实际是计划处日常的事务性工作，也是既复杂又烦琐的工作：一是接待来院联系有关业务的各总部、各军兵种和各军区部队人员，并与我院有关单位联系安排妥当；二是负责接听各部队咨询有关问题或联系有关业务的来电，要做好记录并提出处理意见；三是负责处理全军各部队和地方有关单位给计划处的各种信函，自己能处理的处理，处理不了的提出处理意见，注明由某人或某单位处理；四是其他各有关事情。开始对这项工作觉得自己很难胜任，有时搞得手忙脚乱、不知所措，自己很辛苦不必说，搞不好出点漏子还要挨批。过了一段时间后，慢慢地悟出了一些道理，总结出了一些规律来，感到工作比较有头绪了。比如说有时一天要接十几个到二十几个电话，对这些电话一个个做好记录，提出处理意见，不像刚开始那样慌乱了。这是一项不断与人打交道的细致的还关系军事医学科学院形象的重要工作，所以在处理每一个电话、每一个函件，接待每一个人时都必须认真仔细，不能马虎草率行事，既要细心又要耐心；既要热情又要冷静；既要注意自己的语言又要注意自己的行动；既要处理好上下级的关系又要处理好左右级的关系。

年终总结时各人把自己这一年的工作在计划处的总结会上报告，我报告后获得全处的一致好评，大家都要我代表处到院科技部年终总结表彰大会上去报告，可恰好院科技部召开年终总结大会这一天我因患肺炎住进了307医院，处领导让我处王淑兰同志代我在会上做了报告。

四、从事科研计划管理工作

从1971年初起我开始做科学研究计划管理工作。首先是了解各个科研项目的来源，然后对各个科研项目的起止时间、项目负责人、参加项目的大致人力、项目的设备条件、经费、协作单位等都要做出周密的安排，造好表格写好说明，然后经处领导审阅，再交全处大会上讨论，修改后再报院科技部领导审阅，接着报院首长审定后，最后上报总后审批。

总后审批下来以后要逐项地将各个项目分别下达到各研究任务的承担单位，然后由各单位制定具体的实施计划，并将这些具体实施计划经室、所两级领导审定后报院计划处。院计划处既要从宏观上来控制所有项目计划的实施，又要从微观上监控各个项目具体实施的情况。管计划的同志要经常深入到各室了解科研计划执行的情况、科研工作的当前进展情况、有什么好的苗头、存在什么问题，并且要及时地将各种情况进行总结汇报，解决所出现的问题。特别是那些重点科研项目，更要注意掌握其进展情况及动向。还要经常争取参加各个单位召开的科研工作的研讨会,特别是一些全国性学术研讨会更要想办法去参加,了解会议的成果。

计划处还必须及时了解各个研究项目最后所得的结果,即科研成果。科研项目完成后就是科研成果的总结鉴定、上报待批,这是计划处一项十分重要的工作,一定要做到严肃、认真、细致、严谨、求实,就是实事求是地反映和评价科研成果所达到的水平,恰如其分、公正地做出判断,反映成果的真实面目,不能夸大,也不能缩小。科学研究工作是探求未知的工作,来不得半点虚假,科学规律必将惩罚那些投机取巧、弄虚作假的懒汉们,只有那些在崎岖的小路上坚韧不拔、不畏艰险不断往上攀登的人才有希望达到科学的顶点。从事科研计划管理工作牢记这一点十分必要。科研成果鉴定后,还有很重要的一项就是推广和应用,经过实际的应用,才能检验出科研成果的真正价值。

五、从事科研协作管理工作

科研协作管理工作实际上是属于科研计划管理工作的范畴。因为科研协作工作搞得好不好对于科研计划的完成发挥着至关重要的作用。我到计划处工作的最后两年多就是从事科研协作管理工作。

现代科学技术的发展使得科学研究工作越来越复杂,往往非一个人或某个单位的一些人所能完成,很多重要的科研课题靠一个人单打独斗不成,靠一个单位也难以完成。军事医学科研课题的进行也必须联合军内外各有关单位的力量分工协作,才能做到早出成果、早出人才,多出成果、多出人才,多少年来的事实不正是这样吗?

我与本处杨炳武同志在两年多中从事这项工作，对这项工作的规律性有了一些初步的认识。首先要明确这项工作的重要性和必要性；其次要切实掌握我院有多少科研课题，各与哪些单位开展了协作，这些单位的人员条件和技术条件如何；再次各单位分担了什么任务及什么时间完成。对此要有一个清晰的联络网或联络图，要经常与这些单位保持联系，交流情况；还必须深入到各协作单位，了解各单位所承担任务的进展情况，发现好的典型事例要及时总结推广；发现问题要及时与有关单位领导和有关人员共同研究妥善解决，使科研协作不断推向前进！我们先后对北京、天津、河北、上海、江苏、浙江、湖南、湖北等省市的30多个单位的数十个项目进行了调研，同时也是代表我院向这些单位的领导和有关人员表示衷心的感谢！由于协作项目和协作单位太多，我们只能有针对性地挑选一些单位进行。应该说，对整个科研协作情况我们只是一个大致的了解，但不全面，还有相当一部分我们并不了解。当然，有些单位我们虽然没有去调研，但是通过其他途径也掌握了一些情况。

在计划处期间与初中同班同学陈德涛（左二）、老乡唐耀梅（左三）留影

科研协作注意与军内外相关单位的协作是必需的，也是应该的，但不能因此放弃或者忽视本院各单位科研的相互协作。为充分利用和发挥各单位的人力、物力、财力资源的作用，从某种意义上说，抓好本院各单位的科研协作是首先而又必须搞好的，这样做其收效会更大。所以，应该是既要抓好与军内外有关单位的科研协作，又要抓好本院各单位之间的科研协

作，要做到两者并举，不可偏废任何一方，否则将会给科研工作造成不必要的损失，这是我的一点浅薄感触。

六、其　他

在计划处工作，我有时感到有点像首长和机关的秘书工作，我经历的一些事情就是如此。

为院首长写报告和讲话稿。我先后为院政治委员程坤源和院长桂绍忠各写过两三次讲话稿。他们都是老红军老八路，有的是知识分子出身，有的则是贫苦农民出身，念书都不多，主要是到军队后学习的文化科学知识。如程坤源政委属于前者，给他写讲话稿比较好办，主要按照他给你讲的条条框框写出来，他自己略做修改就可以了。但是给桂院长写讲话稿，其难度就大多了，按照他给你谈的大致内容写好后，他看了，说想了想还不行，还得修改，而且要大改，从整体结构上打乱，这样要反复两三次，改来改去才成。此外，我还为祁开仁副院长于1972年初在成都主持召开的全国钩端螺旋体病防治工作会议和1994年5月在上海主持召开的全国疟疾防治工作会议上写过两次讲话稿。当然每给院首长写一次讲话稿对我都是一次锻炼和提高，因为每写一次都要考虑很多问题，在思维定式上、逻辑上、语言措辞上都要有事先的考虑和安排，不能怎么想就怎么写。

参加几次全国全军性会议的秘书处工作。除了给领导写讲话稿外还要写会议简报和会议纪要，这真是一个苦差事：人家开会你开会，人家休息了你还在开会，人家看演出了或睡觉了，你在写会议简报或纪要，印出来还要校对。老实说，我从心里不愿意做这项工作，但是领导安排，只能硬着头皮去做，有何法子呢！我在成都、贵阳、上海、北京的几次全国性会议的秘书处工作就是这样的。

1971年7月总后卫生部主持、沈阳军区后勤部协助，在长春召开全军三防装备工作会议。处领导要我组织我院一所、二所、307医院、第二野战医院几个单位的领导、研究所科室主任及有关人员约10来人去参加此次会议。包括往返路程共一周时间，主要是一些联络和有关事务性工作，还算顺利，只是回北京时火车票不好买，很是费了周折。通过这次会议，使我对三防装备的真正含义有了一个明确的认识。

在计划处的几年中，我还为处、部、院领导多次起草给总部，直到中央军委的多次报告。这些文件要求很严，事实要准确、清楚、客观、无误，遣词造句要言简意赅，格式规范，还要严格按有关规定和要求办事，不能有丝毫马虎和疏忽。

在计划处工作，经常与院首长接触，他们都是些老红军老八路，经过长期的战争年代血与火的考验，具有丰富的工作经验和高尚的情操，待人处事等各个方面都为我们树立了学习的榜样。计划处党支部分两个党小组，我是党小组长之一，我这个党小组有两个老红军老将军，他们的言论和行动给予我直接的影响，我从他们身上学到了不少对我有用的东西。总之，在计划处的六年，是我重新学习和锻炼的六年；是我不断提高分析问题和独立处理问题能力的六年；是我不断适应机关工作需要的六年；是比较全面了解全院科研工作情况和科技队伍现状的六年，这为我以后长期从事图书情报工作提供了有利条件，使我初步具有了要为全院、全军服务，为战备服务的全局观念和战略眼光，视野开阔了，胸怀更加坦荡了。同时，在战术上也初步具有了一些机动灵活、随机应变的技巧，工作中要注意方式方法，既不要随声附和，也不要强加于人，要想自己受人尊重，首先要尊重别人。在机关工作的六年也有失，那是丢失了一些图书情报业务和外语，这六年是有所得也有所失，得大于失。

在计划处工作期间爱人带文学、怀京来京时合影

在计划处工作期间爱人带文学、向京来京时在天安门合影

第七篇

在领导岗位十六年

一、何部长要我回去挑担子

1974年底我刚从石家庄参加一个全国性会议回京，老红军军事医学科学院科技部何曼秋部长找我谈话："经部党委讨论研究决定，把你从计划处调回图书馆，一是吴馆长年事已高，需要有人去接替他；二是现在全国号召学科归队，以利于科学技术的发展，你是北大图书馆学系毕业，有系统的专业知识，又先后在图书馆和计划处工作10余年，有一定的政策水平和实际工作经验及较强的工作能力，所以你是最合适的人选。"又说："我找计划处柳处长先后谈了四次话，他才同意放你走。""你回图书馆后，要把担子挑起来，努力工作，使图书馆的工作逐步走上正轨，为军事医学科研提供优质的情报服务，以适应四个现代化建设的需要。"何部长的话语重心长，对我寄予厚望。我们常说，兵马未动粮草先行。

本馆为出席1977年全国科学大会唯一的军队图书馆先进集体，吴馆长为代表参加会议

军事医学科研未动图书情报先行，图书情报要为科研开路，是科研的支撑条件，一个高水平的科研机构必须要有高水平的图书情报服务作支撑。科研项目的选题、论证、实验、总结等都必须依靠图书情报做后盾，没有高质量的图书情报，要想出高质量的成果、高水平的人才，谈何容易。我决心不辜负何部长的殷切期望，刻苦钻研图书情报业务，努力工作，发扬优点、克服缺点，不断总结工作经验和教训，不断进取、开拓创新，提高图书情报服务质量，为促进军事医学科学技术的发展做出不懈的努力。

二、把丢了的业务捡起来

在计划处工作一般用不着外语，也很少接触图书情报业务，因此离开图书馆六年把军事医学图书情报工作中需要的这两个大的方面的业务丢了不少。回馆做领导职务，除了做好日常事务性工作外，必须把业务技术捡起来，把生疏了的图书情报工作熟悉起来，把丢失了的外语尽快夺回来，才能团结全馆工作人员，凝聚大家的力量，同心同德、共同努力，不断把军事医学图书情报工作推向前进。

我主要采取了以下几种办法：一是边干边学，尽量多参加一些实际业务工作，在具体的业务工作中虚心向大家学习，不懂就问，不要装懂，放下科班出身和领导的架子，与大家打成一片，和谐相处。如我馆每周有两位同志乘小车去北京几个与我馆关系密切的国家级图书馆和情报所代我院科技人员借还我馆没有入藏又急需的书刊资料，我基本上都随同一起去，这样既可缓解外借人员工作太忙的状况，又使我了解到哪些书刊资料我馆缺藏，可以根据需要和可能进行补订，也使我对这项业务工作逐渐比较得心应手了。我还经常去流通阅览部门参加各种日常工作，多与读者接触，了解他们的需求。有什么不清楚的只要询问老同志，他们都会热情地告诉我，认真地向我解答，有的还要做给我看，然后我在实际工作中去反复操作，慢慢地就熟悉起来了。二是工作做完了，有空就抓紧时间学习，一刻也不要放过，工作中切忌懒散，要想方设法在有效时间内努力把工作干好，讲究工作方法，提高工作效率，有时要靠挤出时间来学习。三是要抓紧业余时间学习。我的体会，光靠在工作时间学习要想很快把业务水平提高是困难的，必须充分利用业余时间学习，我上有老下有小，家务事情不少，但我无论如何都必在晚上、星期天、节假日挤出时间来学习，我爱人在这方面给了我很大支持，承担了绝大部分家务，我那些年经常挑灯夜战，学习到深夜12点以后才睡，有时早晨起来后还要学习一阵，我还常用一句俗语告诫自己："早起三日当日工。"早晨学习效果好，眼睛一睁，忙到熄灯。虽然弄得自己很疲倦，但

1982年出席国际医学图书馆学术研讨会代表合影（第五排右一为作者）

当时年轻，身体也好，顾不上别的了。四是工作中要不断总结经验，要做有心人，把工作中所得到的资料累积起来，把获得的经验总结出来，成为能指导自己工作的指南，这样做的好处是：自己印象深刻，不易忘记，还可以与别人交流共享。五是有条件的话，尽可能地争取参加一些学术研讨会、报告会、学习班，或去兄弟单位参观学习，也不失为一种有效的学习途径。

三、恢复和健全规章制度

“文化大革命”中图书情报机构的很多规章制度都遭到了不同程度的破坏和废弃，很多工作也遭受了一定的损失。如有些不该停顿的工作停顿下来了，有些不该停订的重要外文期刊也停订了。我回到图书馆时已是“文化大革命”的后期，恢复和制订各项规章制度，逐步使图书情报工作走向正轨，就显得极为必要了。我回馆后不久，在吴馆长的领导和大力支持下，花了较大精力来做这项工作，前后花了数年时间，分两步走。

第一步，首先了解“文化大革命”以前已有哪些规章制度？哪些一直在坚持执行？哪些在部分地执行？哪些已经完全不执行了？对这些做到心中有数，然后召开各部门负责人和有关人员会议，讨论研究：已有的规章制度哪些可以执行，哪些需要进行修改后才能执行？还要根据工作的需要和可能制订哪些规章制度；接着根据不同的需要和要求，分工下去各司其职，进行修改或制订新的；还要去兄弟单位参观学习吸取他们的经验以便改进本单位的规章制度，使其更加系统、完整、科学，更适合本单位各项工作发展，使图书情报服务工作走上正确的轨道。共制订了七个方面的规章制度，每一个方面又包括若干种，这一步进行了三年多才完成。

第二步，1978 年以后由于改革开放的需要，各项工作都要适应改革的步伐，对图书情报工作的要求越来越高，为了使我馆的各项工作更加有序地进行，加强科学化管理，做好文献资料工作，更好为军事医学科研服务，经馆务会议研究决定，组织我馆各部门进行了第二步的工作：在总结我馆过去多年实践经验并依据我馆已有规章制度的基础上，参考一些兄弟单位有关资料，经过近三年的努力，终于在 1982 年底编写出了我馆各项工作细则，实际上是我馆已有的各项规章制度的细化，并于 1983 年初打印发给各部门在工作中严格遵照执行，收到了比较理想的效果。实践证明：这样做，促进了我馆各项工作更加有序地开展。

四、抓紧业务干部的培训和引进

我离开图书馆六年，其专业干部与我在馆时已发生了较大变化，虽然在总人数上有所增加，已达到近 40 人，但有的建馆初期就来馆工作的老专家已经退休，好几个工作多年经验丰富有系统的图书情报专业知识干部已经转业，还有多名已经调走；而进来的干部除了一些工农兵大学生外，还有些中专生和部分从连队调来具有高中文化水平的优秀战士，具有系统的图书情报专业的人很少，而且进馆并未很好地进行入馆教育和岗位专业培训，当时军事医学科学院的科技干部队伍出现的“青黄不接”断层的现象在图书馆也反映出来了，已经严重地影响图书情报为科研服务的质量。因此，抓好专业干部的培养和引进，便是摆在我们面前最紧迫的任务之一。我与全馆同志共同努力做了如下几项工作：

加强在职干部的培养。我们充分地认识到培养本专业合格人才已是当务之急，对于本馆在职干部特别是年轻干部强调：一定要加强业务学习，以老带新，干中学，学中干，缺什么学什么。还明确规定每周有半天学习专业知识的时间不能随便占用，缺了的要补上，而且还必须有个人学习计划，并严格按计划执行。还进行一些专题讲座，由既有专业知识又有丰富工作经验的老同志备课，然后在小范围内试讲，提出意见改进后再向全馆讲授。这样学习，听课人感到解决了实际问题，提高快，讲课人因要认真备课更要先好好学习才能讲好课，提高更快。还特别提倡利用业余时间学习。还将一些干部送出去参加各种学习班、研讨班、学术会议，特别是国际学术研讨会，力争多参加，参加夜大、函大、电大学习和出国进修等；组织去兄弟单位参观学习。1982 年 9 月我遵照老红军总后勤部张汝光副部长和我院院长涂通今将军的指示，带领我馆鲍彤、王先林、任瑞仪、张连峰等各部门领导先后去福州、厦门、杭州、上海、南京等地 20 余个图书情报机构参观学习，不仅这些部门负责人的业务能力有了一定提高，而且还促进全馆学习人家的先进经验，提高自己的业务水平。通过这些措施到 20 世纪 80 年代中期在职干部的业务能力有了较大提高。

举办二年制医学图书情报专业班。1978 年秋我院从北京军区招来一批高中毕业的优秀战士，分给我馆 9 名，由本馆自己培养。当时我考虑得最多的是：如何将这批年轻有为的优秀战士培养成既懂得医学图书情报理论知识又有较高的外语水平和实际工作能力的军事医学图书情报专业干部，在为军事医学科研服务方面发挥生力军的作用。于是我与有关领导和有关人员研究决定：举办二年制医学图书情报专业班。从教学计划的制定、课程设置、教材选定和编写、教师的挑选到组织实施教学，主要由我负责，我还主讲三门课程，我为这个班的教学可说是尽心尽力，废寝忘食，有学生这样评论我："精心组织，统筹规划，认真备课，严谨教学。”当时我虽感到很艰苦，但我觉得苦中有乐就全身心地投入。学员学习的内容主要有三个方面：图书情报学、医学基础知识、英语，共十几门课。为了使理论紧密结合实际，提高学员的应用能力，我特地安排他们较多的实习时间，到本馆各个部门去进行具体操作，使他们毕业后无论分到哪个部门工作很快就能适应，并得心应手。这个班得到我院领导的高度重视，谢华、吴之理两位副院长多次过问这个班的教学，亲自听取该班情况汇报。吴副院长还让我将学员的英语练习本拿给他，逐字逐句地批改，并对教学提出了一些改进意见。我感到这种培养模式对培养专业干部是一种创新。这批学员毕业后很快就适应了所从事的专业工作，后来除了6名因各种原因转业和调走的以外，刘传和、郁长祥、霍瑞等三人成了馆里的业务骨干，并各负责了一个部门的领导工作，为我馆的建设和发展做出了应有的贡献。其中的刘传和还发表论文上百篇，主编图书数部，在国内同行中具有一定的知名度。

军事医学科学院情报所学员毕业合影（二排左一为作者）

引进各类专业人才。图书情报机构的专业人才的文化层次应当是多层次的，由中专生、大专生、本科生、研究生组成，其专业结构也是多元的，应当有图书情报专业、生物医学专业、外语专业、计算机专业及一些其他关系较密切的专业等构成。根据发展的需要和可能我们从北京大学、北京邮电大学、南开大学、南京大学、白求恩医科大学、各军医大学和有关军事院校招来有中专生、大专生、本科生、研究生等四个层次多个专业的毕业生补充新鲜血液、充实力量、壮大队伍。此外，还从其他一些单位调来一些专业干部，这样到 20 世纪 80 年代末我馆已有专业干部近 70 人。

五、参加全国医学图书情报工作会议筹备

1978 年夏，为了适应全国医药卫生工作发展的需要，国家卫生部决定在年内召开全国医学图书情报工作会议，并决定成立会议筹备工作组，特要求我院派一人参加筹备工作，何部长指派我去。

国家卫生部决定，由中国医学科学院图书情报机构具体负责会议的筹备工作，我于 7 月下旬先后多次去中国医学科学院讨论研究会议筹备工作的计划和安排以及会议的总体部署。按照总体安排，先要从各单位抽调既懂图书情报知识又有丰富的图书情报工作经验者组成四个调查组分别赴全国各地对目前我国医学图书情报工作的现状和下一步如何办进行全面系统的调研。我与曾就读清华大学生物系后奔赴延安参加革命，新中国成立后先在国家卫生部工作后到中国医学科学院图书馆任副馆长的郭唯一教授为一个组，去湖北、湖南、广东三省调查，8 月 1 日出发，27 日回京。共调查了 20 余个图书情报机构，其中多数是医学图书

馆和医学情报所(室),也调查了一些省市公共图书馆和综合性大学的图书情报机构,调查的项目:藏书、人员、馆舍、设备、机构设置、工作状况、服务对象、规章制度、科学研究和管理等情况。郭唯一教授对工作极端负责,不怕苦和累。每天调查后我们在晚上要碰头交流一天的情况,核对二人的记录,并商量次日要去的单位和要注意的事项,所以调查后收获较大,对医学图书情报工作的状况有了一个基本的了解。

9 月初我们开始总结调查的结果并向中国医学科学院有关领导和有关人员汇报,然后我们几个人分工分别起草全国医学图书情报工作会议上要报告和需要讨论通过的几个文件。如当前我国医学图书情报工作的基本情况报告及关于改进和提高医学图书情报服务的意见;关于成立全国医学图书情报学会开展医学图书情报学术研究和交流的报告;关于医学图书情报专业干部培养和在高等医学院校设置医学图书情报专业的问题;关于医学图书情报机构之间协作和馆际互借实现文献资源共享的问题。我是这四个文件的起草人之一。初稿写出后,又通过两次讨论修改,基本定稿。会议于当年 12 月在武汉召开,我本应是会议秘书处的工作人员,因馆务繁重未去,只好找人顶替了。

六、承办全军医学图书情报干部培训班

1981 年总后卫生部通过我院领导和我院科技部将举办一个 40 人为期一年全军医学图书情报干部培训班的任务交给我馆,并且要求入学的人员先进行考试,基本合格才能录取。于是从出考题到阅卷、录取都是我在我院科技部的领导下进行,忙了两个多月才完成。在教学方面由于我们已经有了举办二年制医学图

书馆学专业班的经验，其中不少可以借鉴，所以比较容易完成。但是由于人员较多，又分别来自全军各个单位，情况比较复杂，所以管理起来比较困难，吃喝拉撒住都要管。但是在总后卫生部和我院科技部的领导下，在有关部门和有关人员及全馆同志的大力支持与合作下，各方面做得比较好，教学任务完成得比较圆满。由于我们是紧密结合全军医学图书情报工作的实际进行教学，所以学员除了掌握了比较系统的医学图书情报知识外，英语水平也都有了较大的提高，所学知识的应用能力和实际工作能力也令人满意。同时我们的干部在完成这个班的教学任务中不断地学习，使自己得到了一次难得的锻炼提高的机会。这批学员回到全军医学图书情报战线上充分地发挥了应有的作用，并且多数成了我军医学图书资料干部队伍中的骨干，为我军的医学图书情报工作做出了积极的贡献！1991 年 10 月这个班中的济南军区总医院的李静、武汉军区总医院的杨业勇、成都军区总医院的冯泽伦等三人来北京开会期间抽空一同来看我的时候，他们都已是所在医院信息科主任一级的领导干部了。

全军图书资料管理人员训练班毕业合影（二排右四为作者）

七、把停订和损毁的书刊设法补齐

“文化大革命”中由于“极左”思潮的干扰和破坏，图书情报机构长期所积累的珍贵文献资料，被当作“封资修”的东西进行批判和错误地处理，有些有价值的书刊被停订，特别是使某些连续订购很多年的重要期刊断档断线，遭受了较大损失，影响了科技人员的利用。我回馆后在吴馆长的领导下与文献资料搜集部门的同志一起共同讨论研究，如何把停订的期刊设法补订，这也是总后有关首长和院首长十分关心的问题。总后勤部张汝光副部长在 20 世纪 70 年代末曾多次深入我馆调查了解情况，帮助解决问题，他接连两年来馆参加我馆年终总结会，并做指示，他说：“兵马未动，粮草先行，搞科研离不开图书资料，要千方百计地保证科研人员对图书资料的需要，有些期刊停订了，要想办法补齐。”张部长的指示对于图书资料工作在科研工作中的重要性说得言简意赅，并为今后进一步做好工作指明了方向。所以必须抓紧时间采取有效措施，并要有专人负责制订出计划严格执行，做到在尽可能短的时间把这件事做好。能订购和搜集到原版的更好，有的确属无法弄到原版，搞到影印版或复印件也好。这方面吴馆长与订购部门负责人廖运传和有关同志做出了极大的努力，不辞辛劳，做了很多卓有成效的工作，他们通过各种渠道与中国图书进出口总公司、有关书店、杂志社、出版社以及其他有关部门或单位反复联系，多方协商，使一些对军事医学科研很有参考价值的文献资料得到补齐，使其保持了连续性和稳定性，这使我院领导和科技人员以及经常利用我馆书刊资料的兄弟单位的人员都十分满意，认为我馆的文献资料保持得比较系统、完整，使得他手中有文献，搞科研心不慌。

八、认真抓好图书馆现代化建设

在我任馆领导的十六年间，我对如何逐步进行图书馆的现代化建设做了认真的考虑和研究，做了一些工作，取得了一定成效，在促进为读者提高服务质量方面发挥了应有的作用。首先我们主要考虑为我院科研人员提供文献复印服务的问题，我馆原来已有文献缩微复制服务和银盐复印服务，但这种复印设备和技术效果不很理想，远远满足不了读者的需要。20 世纪 70 年代后期在国内一些单位使用了静电复印，并且有了生产这种设备的厂家，但国内生产的汉光复印机质量不过关，效果不够理想。因此我们经过研究后准备买一台进口复印机，而当时进口外国的复印机限制很严，进口数量很少，要买到难度非常大。我和我馆张敬山一起拿着总后勤部副部长张汝光将军亲笔写给北京市副市长林乎加的信交给林副市长的秘书，但是由于某种原因问题并未得到解决，后来张敬山等又持总后勤部贺诚副部长给国务院余秋里和姚依林等领导的信去办，才批给了我馆一台进口复印机，这是总后系统当时唯一的一台进口复印机，使用了一段时间效果很显著，科技人员反映很好。其次，我馆是开架借阅的，所以如何采用现代化设备防止图书丢失的问题已严肃地摆在我们面前。我们了解到国内已研制生产了防窃书磁性监测仪，就请示有关领导批准，采用上海交通大学研制山东龙口无线电厂生产的 JX-Ⅲ型防窃书磁性监测系统，安装在读者出入口。每本书里夹有磁条，办理了借书手续的书，磁性消除可以通过，没办手续的书磁性存在，经过出入口时，发生电磁感应，主动发出响声进行报警。再次，计算机技术的应用方面20世纪70年代末在国外图书情报领域特别是欧美已经十分广泛了，而我们国家才刚刚起步，国内只有少数单位在摸索试用，我馆是20世纪80年代初雷春炳同志到美国国立医学图书馆学习半年回国后购买了一台计算机，在文献检索方面进行了试用，有了应用的效果和初步经验。第四光盘检索系统的利用方面，我馆在国内成为最早引进和开展文献检索服务的单位。1986年我院陈宁庆副院长到美国访问前，我馆就已了解美国剑桥科学文摘社(Cambridge Scientific Abstracts)生产的MEDLINE光盘(CD-ROM)系统，请陈院长去美国时将其采购了回来。为院内外、军内外很多单位提供了从1983年以后的文献检索服务，该系统共收录70多个国家的3200种期刊论文，每年存储文献25万篇以上，其中70%是英文，70%有文摘。以后我们又引进了一些光盘数据，在当时这方面我馆在国内是走在前面的，为科技人员解决了很多文献需求的难题，很受科技人员的青睐。

图书馆的现代化建设不仅仅是上面所说的只是现代化的技术设备的引进问题，还有其他多方面。严格地说，我对图书馆的现代化认识很肤浅，对理念理解很不深刻，我们在这方面所做工作十分有限，还有不少我们应该做的工作还没有做。

九、主编全军医学外文期刊联合目录

20世纪80年代初全军医学文献资源共享的问题被提了出来，为实现全军医学期刊资源共享，编制全军医学期刊联合目录势在必行。1982年在西安第四军医大学召开的全军军事医学情报网会议上，我就编制《军事医学情报网西文期刊联合目录》(以下简称《联目》)的问题发表了比较系统的意见。会议决定由我牵头负责此项工作。由于我们过去没有做过这方面的工作,缺乏经验。我首先组织有关人员去国家图书馆、中国科学院图书馆、中国医学科学院图书馆等单位参观学习,然后根据军事医学情报网各主要单位的实际情况,研究确定编制《联目》的方案和具体实施计划,再与各军医大学协商后组织各单位有关人员全面开展编制工作。经过十几个单位的数十名从事期刊工作的专家两年的努力,该《联目》编制成功,为我军医学文献资源共享创造了有利条件,充分地发挥了军事效益、经济效益和社会效益,在军内外产生了较大影响,获得军队科技进步三等奖。

1990 年 10 月在我馆召开的全军医学期刊工作研讨会上,我报告的"对编制全军生物医学外文期刊联合目录的构想"一文,引起了与会者的较大反响,经过会议讨论,在此文的基础上,写出了"关于编制《全军生物医学外文期刊联合目录》的协议书"并确定由我和我馆张连峰、陈惠文同志任主编。1991 年初《全军生物医学外文期刊联合目录》(以下简称《联目》)编制工作展开,我为它的计划制订和实施、进度安排、组织协调以及经费的筹措等倾注了很大精力,并多次召开会议解决编辑过程中存在的各种问题,还特地在上海第二军医大学主持召开了主编、副主编和有关人员会议,解决了一些突出的问题,后将五个副主编集中北京进行统一编排,出现的问题及时商量尽快解决,加快了编辑工作的进度。经过全军 30 余个单位上百名专业人员的共同努力,团结协作,该《联目》于 1993 年编成,并由人民军医出版社出版发行。它与前面说的《联目》比较,不仅收录的文种、刊种、单位都增加了很多,而且采用了计算机编目和标准著录,编辑的方法技术更加先进,其质量也提高了一大步。

这两个《联目》的编制出版,使我军的生物医学外文期刊资源基本上实现了共知、共建、共享，大大促进了我军医学文献信息服务水平的提升，并为我军以后的医学期刊联合目录的编制工作提供了有益的经验，打下了坚实的基础，也使我军医学期刊工作队伍的业务水平得到了锤炼和提高。

利用这两个《联目》的成果和经验，经请示有关领导和总后卫生部同意，我组织召开了1993年在成都军区总医院召开的全军医学期刊标准著录研讨会，来自全军的数十名专家出席了这次会议，这对我军在医学期刊工作中推广标准著录实现现代化发挥了积极作用。

十、研究生导师

1988年7月11日上午军事医学科学院召开第三届学会评定委员会第三次全体会议：对全院申请培养硕士学位研究生的指导教师的51名申请人进行了资格审查，通过了22名申请人作为培养硕士研究生的指导教师。我排名第一。并于7月16日通知到我本人，这是我一生中一件具有标志性的大事，是军事医学科学院对我入院以来所从事的工作和达到的学术水平的肯定，是对我能带研究生的资格给予认可。从某种意义上讲，它与当年考上北大同样重要。所以我一定竭力为军事医学科学院的研究生培养工作做出最大的努力。

事实上我做研究生的培养工作从1980年就开始了。当时军事医学科学院将为研究生开设医学文献检索课的任务交给我馆，我即组织我馆魏定宜、廖运传、陈惠文、雷春炳等5人编写教材与讲课，这门课的课时是40个学时，讲课和实习时间大约各半，大家都十分重视，认真编写教材、备课和讲课，对实习抓得很紧，实习前要准备必需的检索工具，实习时就是在教师指导下利用检索工具查找文献，课程完后，还必须进行考试。在教学中大家一边教学，一边修改和补充教材，到 1986 年以《医学文献检索》为书名由我院情报研究所出版，军内外很多单位使用了这本教材获得好评，并获得了中国图书馆学会优秀著作奖。20 世纪 90 年代初，我联合军内外十几名专家对该书进行了大刀阔斧的修改和补充，于 1994 年由中国科技出版社出版，获得了 1996 年全国医学文献检索教学研究会优秀教材奖；1998 年我又联合军内外 20 余名专家对该书做了修订并更名为《医学信息检索与利用》后又于 2001 年、2004 年出版了第二、三版，均由中国科技出版社出版，共印 20 余次近 20 万册。除了军事医学科学院作为研究生、进修生教材外，全国约 90 余个单位用作教材，在国内产生了较大影响，这三版均获得了全国医学文献检索教学研究会优秀教材奖，在军事医学科学院的研究生教学中发挥了不可替代的作用。

1986 年我馆又受命为图书情报学硕士生开设文献学课程，我组织我馆刘传和、张文举、杜永莉等 15 名同志为其开课并编写教材，在总结我们十几年的教学经验的基础上，吸收了国内外该领域优秀成果，编成《新编文献学》一书，该书由军事医学科学院资助出版并作为该院研究生的系列教材之一。此外，我还负责情报学部分课程的讲课和教材编写任务，以及图书馆学、论文写作两门选修课的教学任务。

1986 年军事医学科学院被批准设立医学图书情报硕士学位点，我馆吴尔中教授为主导师、我为副导师招生了第一名硕士研究生，后我于 1993 年单独招收了一名硕士生，1994 年我与第四军医大学李广德教授又联合招收培养了一名硕士生。在军事医学科学院有关部门的领导下，由于我们对研究生要求比较严，对教学抓得紧，学生学习勤奋，成绩优良，后来都深造获得了博士学位。如钱军后来还进入北京大学生命安全专业读博士后,并在工作中发挥了重要作用,成了所在领域的杰出人才,曾被评为总后系统科技银星,荣立二等功两次,在 2010 年提升为军事医学科学院第 11 研究所所长,成为当时该院最年轻的所长,获得科技成果一等奖一项,为总后系统科技银星。

另外,我还被聘请为多所大学和科研机构的 10 余名研究生论文答辩委员会委员,对每一位研究生数万字的论文要仔细地审读,并要指出该文的优点有哪些,问题何在,提出对论文进行修改的建议。参加这些答辩不仅是为研究生教学做出自己应有的努力,也是自己学习锻炼的好机会,从中获益不少。

十一、第一任党支部书记

我馆从 20 世纪 50 年代初建馆以后,大约 30 年都没有自己的独立的党支部,一直到 20 世纪 70 年代末军事医学科学院恢复情报研究所的建制后,即 1980 年,我馆业务工作干部已达 40 余人,其中共产党员达 30 余人,如再与其他单位联合组成党支部已经不适应客观形势发展的需要了。因此,经情报研究所党委研究决定并报军事医学科学院党委批准成立图书馆党支部,我任第一任党支部书记,下设 4 个党小组。这样图书馆的党组织比较健全了,便于对全馆人员开展政治思想工作,发挥共产党员的模范带头作用,团结全馆同志,同心同德搞好图书馆的各项工作,以不断提高图书馆为军事医学科研服务的水平,满足科技人员对文献情报的各种要求。因此,建立图书馆党支部得到了图书馆全馆人员的拥护。党支部在以后长达 11 年的我馆发展过程中,直到 1990 年 12 月成立中国人民解放军医学图书馆同时成立中国共产党解放军医学图书馆委员会为止，完成了自己的使命，其所发挥的作用是无可替代的。

我既任图书馆党支部书记，又是图书馆的行政领导，作为“双肩挑”干部，既要做好行政工作，又要做好党支部的政治思想工作，自己觉得担子沉甸甸的。我认为：做好政治思想工作实际上就是解决在图书馆的各项工作中所发生的各种矛盾。我的做法主要有以下几点：一是身先士卒，要别人做好，首先自己要起带头作用先做好，吃苦在先、享受在后，遇事要站在对方的立场上替对方多考虑，少替自己考虑；二是通过各种会议制度，保证党的方针政策和各项工作在全馆得到贯彻执行，把各项工作做好，如定期召开支部委员会、支部委员扩大会（扩大到党小组长）、支部党员大会，并且会前要做好准备，在会上要讲什么问题，讨论研究什么问题，解决什么问题，一定要做到心中有数；三是通过支部委员、党小组长、全体党员去团结全馆工作人员解决各种矛盾，做好工作；四是提倡互相谈心交流思想，互相启发、共同进步，支部委员、党小组长应该与党员谈心，找非党员谈心；五是认真搞好调查研究，要解决矛盾，首先必须去搞好调查研究，调查事实的真相，研究矛盾的解决办法，调查清楚了，矛盾就好解决，“没有调查就没有发言权”是很有哲理的。以上几点做法事实证明效果比较好，同志们比较满意。

在我任馆领导的 16 年中还做了一些其他的事情，在此提两件大事：一是筹建了我军最大的现代化的一流的医学图书馆；二是创建了全国医学文献检索教学研究会（别处详述）。我在这 16 年的领导岗位上勤奋工作，努力学习，责己严、待人宽，行得正、走得稳，遇事多为别人着想，少打自己的算盘，尽了最大的努力，发挥了应有的作用。当然，工作中也有过缺点和不尽如人意之处。但我扪心自问，我这 16 年没有白过，对得起领导和全馆同志，对得起党对我的信任和培养,对得起我自己。但为军事医学科研提供优质的文献信息服务的使命尚未完成,我将不遗余力继续努力而为之。

当在我任期的最后一年即1990年之初,我将参与新建的一栋现代化的一流的医学图书馆的钥匙接过来的时候;当在军事医学科学院图书馆和中国人民解放军总医院图书馆两个馆合并在一起,开始启用为科技医务人员以新的方式提供文献信息服务的时候;当这时我馆人员已近100人,藏书已达近80万册,馆舍达到12 300平方米,成为一个现代化大型专业馆的时候,我心潮澎湃,感慨良多,成就感和幸福感一起涌上心头,我知足了,知足者常乐!

第八篇

参与筹建中国人民解放军医学图书馆

一、筹建的背景和组织领导

由于军事医学科学院领导和有关部门对图书馆的重视和大力支持，使图书馆有足够的经费，每年购进科研工作所需要的大量书刊资料，到 20 世纪 80 年代初图书馆的书刊资料已达 40 来万册，图书馆 3000 平方米的空间已达到饱和状态，为缓解我馆空间紧张的矛盾，经我们反复向院领导反映，并经院领导认真研究决定：一方面将院机关食堂让出来作图书馆的临时书库，存放利用率较低的书刊；另一方面院给总后勤部打报告，要求建一座新图书馆，既要满足我馆藏书量年年增长的需要空间，又要适应现代化医学发展的需要。恰在我院要求建新图书馆的报告报到总后勤部不久，解放军总医院也给总后勤部打报告要求建新图书馆。身兼中央军委副秘书长的总后勤部洪学智部长，对军事医学科学院和解放军总医院都打报告建新图书馆的事特别重视。他要求两院再联合打报告合建一个 1 万平方米的现代化的一流的医学图书馆。两院联合给总后勤部的报告称：新馆由军事医学科学院负责兴建，建成后由军事医学科学院负责管理，由军事医学科学院和解放军总医院共同使用，为两院的科研、临床、教学服务，为科技医药卫生人员服务。两院的联合报告报到总后勤部后，洪部长很快做出批示：抓紧时间设计，抓紧时间兴建，要建造一个现代化的国内第一流的医学图书馆。洪部长还亲自多次过问催促，听取有关新馆建设和重大问题的汇报，将图书馆工程列为总后勤部的重点工程，由总后勤部刘明璞副部长分工负责此项工程建设，并由总后勤部营房部的领导切实负责。我院由当时的秦伯益副院长负责，由院基建办公室和图书馆组成新图书馆筹建班子负责各项具体工作的落实。我有幸代表图书馆参加了该工程从筹备到建成和接收使用的全过程，后来还吸收我馆张敬山同志参加。设计资料由图书馆和院基建办公室共同提出。土建工程由院基建办公室与施工单位、设计单位共同落实，图书馆要及时了解施工的进度情况，并与院基建办公室保持密切联系。内部设备由图书馆负责。另外，还由两院领导和有关方面负责人、专家共同组成图书馆委员会，讨论研究解决有关问题。

二、提出新馆的设计资料

要建一个新的现代化的一流的医学图书馆，这是一项复杂而又艰巨的系统工程，它还包括若干个子系统。首先要根据客观情况与实际要求和可能提出一个切实可行的设计资料，按前述所说要由院基建办公室与图书馆共同提出。一是调查研究国内外有关的文献资料，对现代化一流图书馆的状况基本上做到心中有数，并作为重要的设计依据之一。二是按院首长的指示，我们去国内一些新建的大型的现代化的图书馆参观，并与这些馆的有关同志座谈交流，取得了第一手资料，还参加了在长沙召开的全国图书馆建筑学术研讨会。秦伯益副院长还特地指示我们去上海参观中国科学院上海分院图书馆，因为这个院的性质与我院相似，顺便参观了一些其他馆。然后将所有各方面的有关资料经分析研究综合写成设计资料初稿。三是针对写成的设计资料，召开由各类有关人员，特别是两院图书馆工作人员参加的会议，征求他们对设计资料的各种意见，再综合分析研究这些意见，经筹备组反复讨论，反复认真地进行修改，并经院有关领导审阅后提交给总后勤部营房部营房设计院的设计人员，由他们与我们合作将设计资料先后变成设计方案，即草图和施工蓝图并出模型。

三、两次向总后首长汇报设计方案

将设计资料交给总后勤部营房部营房设计院后，该院除有关领导和有关科室领导负责外还抽调6名工程师专门负责我馆的设计工程，我和我院筹建组的全体人员去设计院参加了设计资料的交接会议。而后启动图书馆设计方案的第一步工作。设计院的工程师们对我们交给他们的设计资料进行认真的阅读理解后再进行初图设计，设计过程中，他们不断讨论研究解决问题，有不少问题还必须要我们参与讨论研究才能妥善解决，所以我就经常被设计院的工程师们电话叫去与他们共同协商解决。我们过去参观一些新建馆时，多个馆的有关人员对我们说：作为图书馆这一方一定要坚持在新建图书馆的整个过程中必须自始至终有人参加，绝对不能因故轻易放弃。所以，无论是我院基建办公室也好，还是设计院也好，只要他们需要我是随叫随到。与他们保持密切联系便于使出现的问题及时妥善解决，加快设计进度，使设计更加贴切实际。设计人员和我都能理解这一点，故在设计过程中，大家都互相支持，紧密协作，合作愉快。经各家共同努力设计方案（初图）出炉。

设计初步方案出炉后，秦院长带领我院筹备组的人员，设计院的有关领导和工程师，并请解放军总医院有关领导和有关人员一起去总后勤部向洪部长和其他领导汇报。汇报结束后，洪部长做了重要指示，特别强调：你们要花点学费，走出去，看看一些国内先进的现代化图书馆建筑，图书馆既要布局合理适用，又要注意造型美观好看，不要都是火柴盒式的，比如说窗户都是方的，能不能做成圆的。

向洪部长等总后首长汇报后，基建办、图书馆、设计院认真讨论研究决定：由这三家组成一个考察组去国内考察一些新建的现代化的大型图书馆建筑，吸收解放军总医院图书馆馆长庄家和参加，一共 11 人，由基建办的欧阳金练高级工程师任组长，设计院的刘国恩、图书馆的陈界任副组长。考察组于 1985 年 9 月初乘飞机先去上海参观了上海交通大学由香港包玉刚投资 1000 万美元新建的大型的现代化的包兆龙图书馆。后又考察了正在兴建的复旦大学图书馆和上海医科大学图书馆。后我们从上海飞抵广州考察，先考察了中山大学新建图书馆，又接连参观了广东省中山图书馆、第一军医大学图书馆、中山医科大学图书馆等，以及三个具有特色的现代化的非图书馆建筑，如广州的花园酒家和一个剧院等。最后我们去深圳，先考察了刚建成尚未使用的大型的现代化的深圳市公共图书馆和已经启用的深圳大学的现代化图书馆，以及深圳市具有典型意义对图书馆建筑设计有启迪作用的其他现代化建筑。每到一个单位，除了尽量争取与有关人员座谈交流，并做了记录索取了有关资料外，还拍了不少照片。

回京后进行总结，大家普遍反映收获不少，对修改设计方案制成施工蓝图大有裨益。接着三家一起共同协商，认真反复地修改原设计方案，设计院还特别制成了新图书馆的四种不同的模型，向领导汇报以供选用。几天后秦伯益院长再次带领我们去总后向洪部长等总后首长汇报了修改后的设计方案、新建馆经费预算和其他问题等。听完汇报和看了模型后，洪部长做出重要指示：这个方案比原来的有了很大进步，基本上可以了。关于图书馆建设所需的经费问题，他明确指示：“你们提出 1800 万元，我看少了，我给你们 2000 万元，能建好就不错了，要考虑物价上涨的因素和机动费用，你们没有经验。”刘明璞副部长接着说：“经费实在不够了，可以追加，总医院的门诊部大楼修建的经费不是追加了又追加嘛。”听了洪部长和刘副部长的指示后，我们备受鼓舞，对于建设好一个现代化的一流的医学图书馆的信心更足了。

四、对新建馆内部设备经费的调研和申报

根据军事医学科学院的决定：土建工程由基建办与设计单位、施工单位共同落实，内部设备由图书馆负责。新建馆的土建工程破土动工后，我和张敬山的主要精力就集中在对新馆的内部设备的调研和做预算及上报审批上来了。这方面我们过去多少做过一些调查，掌握了一些资料，现在是要做进一步的调查，掌握更充分的资料，并根据洪部长要建成国内现代化的一流的大型医学图书馆的要求，制定出一个符合这个标准的内部设备方案。这就要求对需要什么样的设备及各种设备的数量、质量、型号、规模、价格等都要有清楚的了解，并做出一个清晰的表格，然后通过院领导审批后再报总后审批。过去院里给我们内部设备的经费是 400 万元，按这个数字新馆的内部设备将达不到洪部长的要求，所以必须突破这个要求，按照实际情况需要做出一个计划和预算来。为此我特地请示秦院长，他指示：按洪部长的要求和实际需要实事求是地搞出一个计划来。我们先参观了一些已经建成的图书馆的内部设备，然后去了一些有关设备的生产厂家，以及一些图书馆设备展销会，了解当前所达到的水平和我们所需要的是什么，与图书馆有关部门人员一项项地讨论决定是否需要？要什么样的？要多少？并做出了一个明细表，计算出总的经费是 648.8 万元。后总后有关部门找我多次询问核实每项这样做的理由，我都尽量充分陈述，力争与他们达成共识，经充分沟通协商

最后批准为610万元，基本上能够满足现代化图书馆内部设备对经费的需要了。

接着按照已确定的需要去与有关生产单位或商家联系协商购置。大致包含两个方面：一是图书馆的现代化系统，又有11个子系统，如防火系统、防窃系统、计算机系统、光盘检索系统、缩微阅读系统、复印系统、视听系统等；二是图书馆的现代化家具系统，又有多个子系统，如阅览桌椅、沙发、书架期刊架、书柜、灯具等，以及工作人员用的各种家具和有关设备等。货进馆后还需要验收安装等工作，都需要我们逐项落实。更重要的是，各种设备必须保证做到既要便于科技人员的利用，又要便于图书馆进行管理，两者不可偏废，才算是合格的，否则就是不合格的。

五、参与对工程实施质量监督

不要以为"土建工程由基建办设计单位与施工单位负责落实"图书馆就可以一点也不管，当甩手掌柜了。秦伯益院长在开工初期就对我说："你要每天戴着安全帽去工地上转转，发现有什么问题立即找有关人员尽快解决。"按照秦院长的指示，我每天都要去工地，有时一天去两次，基建办的同志也都是这样。有一天下午我去工地，发现新馆的西南角二层有两个大房间的南边没有窗户。我马上找基建办的马有臣副主任和有关同志商量，请他们妥善解决这个问题，不然建成后不能使用。基建办的同志与设计师和施工人员很快赶到现场，讨论研究使问题得以及时解决。类似的问题有过多次，就不一一列举了。1989年底和1990年初，由于图书馆已经竣工，我要负责工程验收、接收钥匙、内部设备的到货与安装和其他事情，加之给院研究生讲医学文献检索课也挤在一起,使我感到很劳累,一天工作中患体位性眩晕昏倒了,住进了307医院,经查明是由于过度疲劳引起的。

六、制定新馆的规章制度

当一个现代化的一流的大型医学图书馆挺拔在人们面前的时候,如何使图书馆工作人员对其进行有效管理,让科技医务人员对其进行高效利用?成为我作为图书馆的领导又是新建馆筹备组的成员,不能不考虑、不能不解决的大问题,否则到开馆时管理人员手忙脚乱、不知所措,科技医务人员不知如何利用,这个馆将陷入一片混乱之中。因此,要立规矩,无规矩不成方圆,在筹建新馆这个硬件时,一定要考虑和进行其软件建设,一要有一批能进行有效管理的专业人才;二要有一套既便于很好进行管理又便于科技人员利用的规章制度。于是在图书馆土建工程动工不久,我便与我馆各部门的负责人开会讨论研究这个问题,我提出我们要以一座13 000平方米的大型的现代化图书馆建筑、现代化的内部设备、100名以上的工作人员、100万册藏书、两个院数千名科技医务人员使用为出发点和落脚点来制定新馆的规章制度,一定要从这个实际情况着眼,所以我馆原有的规章制度不能搬来用,只能作为制定新的规章制度的参考,因此有关同志必须走出去到北京的一些现代化的大型图书馆去参观学习,借鉴其经验,把我们已有的东西和人家的经验结合起来进行逆向和创新思维,产生出新馆所需要的新的规章制度来。各部门都要有人负专责,拿出初稿来,再反复征求各方面的意见,反复修改,制定出系统完整、科学的规章制度来,以便对图书馆的管理和为科技医务人员提供文献信息服务均达到国内一流水平。各部门对这项工作抓得很紧，虽然难度很大但大家进行了两年的艰苦努力，终于把它完成，对新馆的管理和利用产生了积极的作用，获得了令人欣喜的效果。

七、两馆合并成解放军医学图书馆

1989 年底在军事医学科学院的东北侧一座新的现代化的规模宏大的图书馆大楼拔地而起，其外观端庄典雅、内部布局合理、设备先进、全开架借阅、使用方便，是当时国内最大的现代化医学图书馆建筑。由邓小平同志题写馆名“中国人民解放军医学图书馆”。小平同志过去只为原北京图书馆、北京大学图书馆题写过馆名，我馆则是第三个，我有诗赞曰：

改革开放谱新篇，军事医科总医院，图书情报要先行，两院都要建新馆；总后勤部洪部长，高瞻远瞩站得高，批示两院合建馆，共同使用效率高；领导要我搞筹建，责任大来任务难，竭尽全力以投入，为建一流医学馆；经过多方共努力，医学大馆被建成，领导专家都来看，大家看了齐叫好：现代一流图书馆，建筑端庄又美观，设备精良花样新，环境幽静使人醉。

两院合并为中国人民解放军医学图书馆分两步走：

第一步：1990 年初军事医学科学院图书馆和解放军总医院图书馆搬迁到该新图书馆大楼，两个馆的工作人员、图书和原有的部分设备合并入中国人民解放军医学图书馆。由两馆的馆领导组成临时领导班子，共同负责两馆合并后过渡时期的工作，将两院图书馆的资源整合成一家，成为全军共享医学文献信息资源的大馆，这是对图书情报建设的加强。4 月底，搬迁和内部整理以及各项准备工作基本就绪，于 5 月 4 日开馆，开始接待两院科技医务人员，为他们提供所需的各种文献信息服务。大家对于新馆的建筑、内部设施、环境和其他条件以及服务质量基本满意，但也确实存在一些不尽如人意之处，如各部分之间的衔接不够理想，有的设施和规章制度还不够完善，有的管理方面还有漏洞，有的服务还不到位等。这些都需要在磨合期加以克服和改进，才能使新建馆真正达到一个现代化的国内一流的医学图书馆的标准，才能真正适应军事医学科研不断发展的需要，为其提高广、快、精、准的军事医学图书情报服务。

第二步：1989 年秋，总后卫生部副部长陆增祺少将带领总后联合工作组来馆调查研究，提出两院图书馆合并后的合理编制、领导班子的人选以及新馆开馆后需要总后解决的问题。总后刘明璞副部长明确指示，解放军医学图书馆一定要建成全军卫生系统的文献资料中心及全军卫生系统的信息情报中心。联合工作组来馆后广泛征求两院图书馆工作人员意见，经研究后提出：由于该馆地位比较重要，其编制为师级单位，馆长由总后推荐，由两院馆长任副馆长，同时成立中国共产党解放军医学图书馆委员会和政治部。科室依据业务分工设置为：采编部、流通部、音响部、信息部、计算机室和复印室等。1990 年 12 月 21 日中国人民解放军总参谋部正式批复，中国人民解放军医学图书馆成立。

从 1984 年组成两院图书馆新馆筹建班子时起到解放军医学图书馆成立为时七年，整个过程我自始至终都参与了。我在各个方面尽了最大努力，有些人说我为此呕心沥血、殚精竭虑、四处奔波、全力以赴。这也是我在领导岗位期间所做的最重要、影响较大的一件事。得到了很多军内外领导的重视和关怀，其中不少还亲临我馆视察和题词。如中国人民解放军总参谋长迟浩田上将于 1991 年 10 月 3 日来馆视察并题词“中国人民解放军医学图书馆学海无涯”；1991 年 12 月 30 日总后勤部政治委员周克玉中将来馆视察并题词“热爱图书馆管理工作，为医学卫生事业服务”。还有很多领导和国内外专家，特别是1996年国际图书馆协会联合会大会的数百名代表来馆参观，并在留言簿上写道“世界一流的医学图书馆”，我的内心充满了从未有过的喜悦和无限的欣慰。我多年的辛苦努力终于有了一个满意的结果。

解放军医学图书馆

经过26年的发展，今天的中国人民解放军医学图书馆不仅成为军内医学图书情报的中枢，而且在全国医学图书情报系统中不论在规模上还是在学术地位上都成了领头羊。国际交流渠道越来越宽广，在国内图书情报领域影响也愈来愈大。现在已经拥有各种文献一百数十万件，各类工作人员一百数十人，年度经费数千万元，馆舍已超过2万平方米。更令人欣喜的是：已拨款2亿多元正在对原有馆舍进行改建和扩建。军事医学图书情报信息的现代化建设正在阔步向前迈进，已经是今非昔比了，展现在人们面前的中国人民解放军医学图书馆的前景将更加美好。

第九篇

『当专家』

1990年12月底总后卫生部陆增祺副部长在解放军医学图书馆成立大会上的讲话中对我的过去和今后去向有一段简明的讲话:“陈界同志毕业于北京大学图书馆学系,工作认真负责,刻苦努力,长期担任馆领导,为图书馆的建设和发展做出了重要贡献,在图书馆界有一定的知名度,由于编制有限,不再担任馆领导,留在馆里当专家。”这是对我的过去做了实事求是的较高评价,同时为我今后指明了方向:“当专家”。我对此备感欣慰。我想:专家者,具有一技之长,从事专业技术工作,乃干实事之人也。我要当好“专家”,就得刻苦钻研业务,好好干点实事,竭力使自己成为图书情报领域名副其实的行家。从此后到1997年4月24日退休,我做了以下实事。

一、创办《医学图书馆通讯》杂志

早在1984年我去福州参加《医学情报工作》杂志编委会会议期间,就萌生了我国应有一个医学图书馆方面的杂志的想法,并说如有可能我自己创办这个杂志。这一想法得到当时与会的很多同仁的赞同。事遂人愿,1991年初我刚从领导岗位退下来,就立即给领导打报告提出创办《医学图书馆通讯》杂志(今《中华医学图书情报杂志》),其理由:我国现有各种医学图书情报机构近2万个,其专业人员达数万之众,大量的专业学术问题需要不断研究与深化,源源不断产生的论文需要交流与利用,可是我们却没有专业期刊发表,这与先进国家相比相差太远,多年来我国图书情报人员强烈盼望有一个专业刊物能发表自己的学术论文,交流学术思想,以适应蒸蒸日上的图书情报事业发展的需要。报告得到解放军医学图书馆党委和领导的鼎力支持并很快获得总后卫生部首长的批准。接着我就向全国上千所主要的医学图书情报机构印发了征稿启事，一个月后，就陆续不断地收到全国各地医学图书情报专业人员的大批稿件。除了馆领导指派了三名专业干部每周用2～3个半天帮助修改稿件和校对外，试刊号其他各项工作都是我自己干，同时我也要修改稿件和校对，我经常加班加点，没有节假日，有时真有点筋疲力尽之感。夏天经常晚上加班，天气炎热，我就一个人光着膀子汗流浃背地在办公室干，有的同事说我是赤膊上阵。经过近一年的艰苦努力，试刊号终于出版发行了，立即在医学图书情报界引起强烈反响，受到了广大同仁的热烈欢迎，很多人来电表示热烈的祝贺；还收到20多封热情洋溢盛赞试刊号的来信。现将其中的三封摘录如下：

(1)上海医科大学图书馆馆长、化学家张自钧教授来信说："试刊号已打响第一炮，内容精彩，尤其是几位图书情报专家所写的文章，读后很受启发。足见在征稿、编辑、出版过程中编者费尽心血，全力以赴，我深为敬佩。当前在医学图书情报界出版这类刊物实为当务之急，众所盼望。"

(2)中国医科大学图书馆馆长、图书情报系主任熊弟志教授来信说："读了试刊号，收益鼓舞二者兼有，全国医学图书馆有近万个，至今尚无医学图书馆专业刊物，是不可想象的落后局面，美国医学图书馆通报已出80年，日本已近60年，今天你们为我国填补了空白。试刊号的文章显示了贵刊的理论水平和务实精神。我们既需要文坛交流全国医学图书情报人员的学术思想，又要通过刊物来教育提高全国本专业人员。"

(3)山西医科大学图书馆馆长、山西省医学图书情报中心副主任董书新教授在信中说："读了试刊号受益匪浅，比我原来想的还要好！真没想到办得如此之好！其特点是：内容新颖，且有一定深度和广度；紧跟当前发展形势；对今后工作起到引导启迪作用。”

此外，还有不少同业界的朋友当面向我们表示：你们为医学图书情报界做了一件大好事，大家会感激你们的。特别值得提出的是，有三位湖南人：湖南医科大学图书馆副馆长、图书情报系副主任文冬生教授，兰州医学院图书馆馆长、全国医学文检教学研究会副理事长朱允尧教授，中国医科大学图书馆馆长熊弟志教授等来北京开会抽空一起来看我，首先向我道喜：您寄给我们的《医学图书馆通讯》我们看了很好，您为我们医学图书情报界开辟了一块学术思想交流的园地，加上您的辛勤耕耘浇灌已开出绚丽夺目的花朵，我们衷心地祝您取得成功，希望越办越好。

上述同仁对我们所说的话语，使我们受到了巨大的鼓励和鞭策，更增强了我们办好此刊的信心和勇气。次年我们聘请了刚从《军事医学科学院院刊》常务副主编岗位上退休的老专家陶凤祥来编辑部工作，我们的工作逐步走向了正轨，这年共出版了 2 期，使本刊在国内的影响更加深了一步。第三年经过我们多方努力该刊经国家新闻出版署批准，正式出版向国内外发行。我们办刊的指导思想是：坚持办刊为作者服务和为读者服务并行，保证刊物的质量，不可以人择文，要以质取文，所有文章的取舍一律一视同仁。这保证了我们办刊方向的正确和质量的不断提升，得到了读者和作者的支持。我任主编一直到 1997 年该刊的第 4 期，自创刊以来她已经确立在国内期刊界不可动摇的地位。退休后我被返聘在编辑部做编辑工作，为这块通过自己的辛勤劳动与汗水浇灌出的医学图书情报的学术园地继续发挥余热，让学术之花满园怒放。通过各方面的努力，该刊于 2000 年起更名为《中华医学图书馆杂志》，2002 年再次更名为《中华医学图书情报杂志》。我在这里工作到 2004 年。如今该刊已成为我国广大医学图书情报信息工作者的良师益友而挺立在我国科技核心期刊之林，国内外发行并享誉国内图书情报界。这是我从事54年的图书情报事业中的得意之笔。诗曰:创办中国医图刊,多年梦想兑了现,各级领导很支持,国内同行都称赞;专家撰稿有登处,学术交流有嘉园,促进科技得发展,繁荣事业美景现。

二、任学术委员会主任委员和情报学教研室副主任

我曾经在20世纪80年代先后担任过中央国家机关和科研系统图书馆学会学术委员会主任、军事医学科学院情报研究所学术委员会副主任。1991年我任中国人民解放军医学图书馆学术委员会主任委员,担子重了一点。〔1991〕医图字046号文件"关于成立学术委员会的通知"中称:"为了加强图书馆的业务建设,开展学术研究,经馆党委研究,决定成立图书馆学术委员会,由八人组成。陈界同志任主任委员。学术委员会是学术咨询机构,由具有一定学术水平的人员组成,并聘请部分专家为顾问,设一名秘书,协助处理日常工作。"并规定了学术委员会的主要工作职责,有九个方面,其中重要的是:对本馆的科研方向、任务等重大问题、发展规划和科技干部培养规划、对专业技术人员职称、科研课题、对科研成果和科学论文与学术著作等等。

在任期的六年中,我尽职尽责、努力工作,按照所规定的九个方面的职责要求做好每一件事,为解放军医学图书馆在科学技术的研究和发展,提升其学术地位,促进出成果出人才,提高为军事医学图书情报服务的水平,加速军事医学科研的发展发挥了应有的作用。

一是为我馆一年一度召开的学术年会的论文组织评审工作,

并主持学术年会;二是对于本馆专业人员的职称评定,主要是协助领导和有关机关做些调研和辅助性工作,为提高评定工作的质量提出建议;三是协助馆领导和业务处开好每年一次的全军医学图书情报工作学术研讨会;四是对馆里的科研成果和学术论著进行评价;五是参与对我馆的科学研究课题的调研和论证。

此外,我因承担了军事医学图书情报学硕士研究生多门课程的教学任务,所以军事医学科学院院长秦伯益、政委徐念慈聘我为军事医学科学院情报学教研室副主任,我严肃认真地履行职责,完成了他们交给我的各项任务。

三、任高级职称评委

1992 年 12 月总后勤部司令部孙参谋来到解放军医学图书馆找馆领导,要求我馆遴选一名专家参加总后勤部军事后勤专业高级职称评审委员会,我馆分管业务工作的副馆长王先林教授电话叫我去他办公室与孙参谋见了面并说了他的来意。于是我从 1992 年起被聘为总后勤部军事后勤专业高级职称评审委员会委员。该评审委员会共有评委 28 人,分别来自总参、总后的 16 个单位,下分 4 个专业评审组,每组 7 人,由总后勤部司令部的两位领导组织实施,我被分在图书情报档案组,对总后系统该范围内晋升副高和正高的专业人员进行资格评审。其程序大致是:先由总后司令部领导讲话,说明评审委员会的组成、目的、任务和要求;然后由评审组组长宣布本次会议需要进行评审的对象和顺序安排以及注意的事项;接着由被评审对象简单报告自己的一般情况和工作情况,再重点报告自己的一篇学术论文;尔后进行答辩,由评委提问题,被评审对象回答;被评对象退场后,评审组进行评议，各位委员发表各自的看法，指出其优缺点，是否符合晋升副高或正高的条件；最后进行投票表决和宣布表决结果。每个人从开始到结束大约一个小时，然后再进行下一个。每个组被评对象少则10多人，多的20多人，各个组评审完后最后开总结会，由总后司令部的参谋长对本次总的情况进行总结，一般还有组织参观学习等活动。参加该评委会对我来说既是总后给我的荣耀，又是给我锻炼的良机；既可以向来自军队各单位的高级专家学习，又可以在评审中向评审对象学习，珍惜这个机会好好学习使我受益不少。

作为评委每年需要我做的还有两件事：

一是给参加评审的对象出考题，二是考完后要判试卷。由于要准备A卷和B卷两份考题并给出标准答案，所以我感到这件事情实在太难。所花的时间相当多，整个过程必须十分认真严肃，不能有丝毫的马虎和差错。所以每出一道考题，每给一个标准答案我都得反复地检查核对是否有误，尽管如此，也还是难以保证100%准确，还是在个别地方出了差错，搞得我既后悔又狼狈。我接连做了6年，每年一次，每次都需要参考很多教材和查阅很多有关书刊资料，有时一道题或一个答案就把自己难住不能进行下去了，只好停下来过一段时间再来，有时把自己弄得既苦又累，实在不愿干了，但是想到：这是总后勤部对我的希望和要求，关系到军队干部培养的大事，非同小可，决不能轻言不干，要克服困难坚持下去成功就在眼前。我坚持下来了，领导和有关人员是满意的，否则我这个“专家”空有其表。

在几年的判卷中我更是小心翼翼，绝不敢粗心大意，只有判得准，才能通过分数反映出应考者的真实水平。否则有可能误判，使应考者吃亏或让作弊者滑过去。有一年我与总后军医学院一位教授合判试卷，同一份试卷他看一遍，我看一遍，交替进行。

结果，我们两人都发现有两份答卷的答案与标准答案完全相同，无一字差异。我们即向有关领导反映：肯定有问题，应当追查。经过认真调查，原来是在印刷考卷时一个印刷者将考卷和答案偷出来给了这两位应考者，最后这两份考卷作废，并给予有关人员相应的处分。这件事给了我极为深刻的印象，至今仍记忆犹新。

在我任总后勤部军事后勤专业高级职称评委期间所做的这些事，使我感到很有意义，给了我不少启迪，让我终身受益。我还先后被聘为军事医学科学院高级职称评委和总后勤部医学图书情报专业高级职称评委，我都积极参与，努力完成任务。此外，还有中国医学科学院、首都医科大学、中国人民解放军防化兵学院等 10 来所高校和科研院所寄来该单位需晋升高级职务者的代表性论文、论著让我评审，我都根据要求一一照办了，也收到了积极的效果。

四、参与成果鉴定

在科学技术成果鉴定方面我做了三个主要方面工作：

一是对总后卫生部全军医学科研成果办公室交给我的十几项通过学术专著形式表达的科研成果进行评定，共 4 次，每次3～5 本。我首先对专著抓紧时间通读，然后有重点地选择一些章节阅读 1～2 遍，对全书的内容、形式、特点、作用及意义有清晰的了解，再认真思考写出该专著的成功之处和不足甚至失误的地方，最后提出今后进一步修改补充的意见。在掌握专著上述方面时还一定要反复阅读目录、前言、后记。评定结果一定要如实地反映出原著科研成果之精髓，先进之所在，不夸大不缩小。这些专著作者人数一般在 3～5 个之间，少数在 10 来名左右。

二是参与了两项较大的成果鉴定：一项是《军事医学主题词表》，这是20世纪80年代后期到90年代初由总后卫生部张立平部长主编，由全军数十名图书情报专家共同参加编制完成的大型的主题词表，包括了军事医学的各个领域，收编主题词上万个，是全军医学图书情报机构对文献进行主题标引和科技医务人员进行文献情报检索的工具，是研制人员经几年一致努力、团结协作，用辛勤的劳动和汗水铸成的成果。可惜的是，该主题词表编制完成后，并没有进行实际应用，因此并未发挥应有的作用，留下的是遗憾。另一项是《全国生物医学外文期刊联合目录》，这是由北京市资助，由中国医学科学院图书馆情报所组织，由全国一百几十所高等医药院校和科研机构的专家参与，编制成的检索全国主要的医学图书情报机构所收藏的外文生物医学期刊的工具书，共收录生物医学领域各语种外文期刊数千种，对于实现我国医学卫生系统医学文献信息资源共知、共建、共享将发挥巨大的作用。这次成果鉴定是由北京市科委主持，由中国医学科学院图书馆承办的，聘请了北京地区中央和市属的主要图书情报机构的知名专家作为评审专家，我能与这样高水平的专家教授一起评审鉴定，无疑是一次学习的极好机会，乃我之所幸也。

三是军内外十几所高校和科研机构通过组织找我对其科研成果进行评审鉴定，如第三军医大学、第四军医大学、防化研究院、航天工程医学研究所、大连医科大学、华北煤炭医学院等，其成果的表达方式为学术专著，尽管我比较忙，但是只要有单位来找我，我则来者不拒，一律承接下来，因为这既是给予我学习人家长处的良机，又为我国图书情报界做了有益的事，于人于己均有益无害，何乐而不为？

五、不断地辛勤笔耕

从事图书情报工作的专业人员，无论其所在机构的大小或是知名与否，只要其热爱其专业工作，放下身段，老老实实地做人，诚诚恳恳地工作，并在工作中做有心人，不放过做出的每一点成绩和进步，并积累每一点一滴的资料，积累到一定程度的时候，再总结经验寻求规律并上升到理论，写出论文来就可能指导其进一步做好工作，如有可能再在杂志上发表就可能使别人受益，其影响慢慢地就大了。

我自进军事医学科学院图书馆后，就在这里扎下了根，努力学习，踏实工作，一步一个脚印往前走，把那些在工作中零碎的东西积累下来，集中起来进行归纳，找出其规律。从 1979 年我在《世界图书》杂志发表了我的处女作《生物医学文献的增长》，这就好像将满田的水开了个口子，以后就不断地流出来了。至今我发表的文章已达 150 余篇，主编的图书 14 部，参编的图书 20 余部，还有一本与人合译的译著，总字数大约 1000 万。算得上论著颇丰了，在国内图书情报界小有名气了，自己还收到了较丰厚的回报，组织上给了我优厚待遇——拿副军级的工资，我心满意足。这些论著真实地体现了我一生所从事的事业所取得的成绩，在一定程度上反映了我自进入图书情报领域内的足迹。

我在图书馆学、情报学、文献学、医学信息检索学四个学科做了不少研究，取得了一定的成果，在促进这些学科的发展方面起了一定的作用，已被图书情报信息界的同仁们认可，分以下几方面介绍：

一是撰写论文：总计 150 余篇，涉及上述四个学科，90％以上发表在国家级的期刊上，其中有9篇获得国家级优秀论文奖，如：《充分发挥图书馆的情报职能，做好情报服务》获得1989年中央国家机关和科研系统图书馆学会优秀论文一等奖；《论现代化图书馆建筑的特点》获1994年全军图书档案优秀论文一等奖，还有7篇获得二、三等奖。

二是主编图书：我从1982年开始主编图书到2016年共主编图书14部：

1.《军事医学情报网西文期刊联合目录》，1984年，内部出版 100万字

2.《医学文献检索》，1986年，军事医学科学院情报研究所出版 15万字

3.《医学文献检索》，1994年，中国科学技术出版社出版 61万字

4.《全军生物医学外文期刊联合目录》，1994年，人民军医出版社出版 100万字

5.《医学信息检索与利用》，1998年，中国科学技术出版社出版 40万字

6.《新编文献学》，1999年，军事医学科学出版社出版 51万字

7.《医学信息检索与利用》（第二版），2001年，中国科学技术出版社出版 44万字

8.《医学信息检索与利用》（第三版），2004年，中国科学技术出版社出版 50万字

9.《医学图书馆理论与实践》，2007年，人民军医出版社出版 142万字

10.《图书馆知识管理理论与实践》，2007年，海洋出版社出版 30万字

11.《医学图书馆学》,2009 年,人民军医出版社出版 54 万字

12.《阅读疗法理论与实践》,2011 年,军事医学科学出版社出版 54 万字

13.《医学信息检索学》,2014 年,人民军医出版社出版 74 万字

14.《新编文献学》(第二版),2016 年,军事医学出版社出版 87 万字

三是与人合译的译著:

《未来的战争》,1987 年,军事科学出版社出版 15 万字

四是参编图书 20 余部(选主要的 6 部列出):

1.《医学科学研究方法与经验》,1987 年,军事医学科学院出版

2.《中国大百科全书:图书馆学·情报学·档案学》,1993 年,中国大百科全书出版社出版

3.《中国图书馆情报机构大全》,1995 年,东北大学出版社出版

4.《中国图书馆建筑集锦》,1996 年,中国大百科全书出版社出版

5.《军队医院管理学》,1997 年,人民军医出版社出版

6.《实用科技情报学简明教程》,1997 年,中国人民解放军军事医学科学院出版

以上论著的发表和出版均渗透着我的心血和汗水,深知来之不易,我格外珍惜。

六、应邀去 70 余个单位讲学

一个专业技术人员被大学和科研机构的同业邀请去讲学或

讲课，这是对你在专业水平上达到了一定高度的认可和信任。我是到军事医学科学院从事图书情报专业近20年发表了30余篇论文后于1984年8月被河南省医学情报研究所邀请，为该省图书情报专业干部举办的学习班去讲课的，讲的两个内容是：核心期刊的测定和文献的主题标引。从那以后一直到2012年先后有约70来个单位邀请了我。我先后去了四川的华西医科大学、湖南医科大学、武汉的同济医科大学、广州的第一军医大学、上海的第二军医大学、青岛大学、青岛海洋大学、南通大学等高校和河南省医学情报研究所、电子工业部情报研究所、北京市中华医学会分会等科研单位讲学，讲的内容主要是我所从事的图书情报工作中的实际经验的总结和学习的心得以及我所从事的专门研究的课题成果。例如，1999年12月由长沙科源书局筹划组织在长沙召开的全国医学文献资源建设学术研讨会，特邀请我为大会做专题报告，并给确定报告内容的大致范围是：论文撰写和投稿技巧方面。我过去接触这方面的问题不少，特别是我1991年创办并主编《医学图书馆通讯》杂志的9年中，经常看稿审稿、修改稿，碰到不少具体问题都妥善解决了，在这方面也积累了一些经验和材料，给我提这样的报告内容，真是不谋而合，我正想为撰写文章和投稿人写一篇题为“如何提高投稿命中率”的文章，因此我高兴地接受了任务。经过认真总结我办杂志过程中的经验和教训，形成文章在会上做了报告，引起了较大反响，会场响起热烈的掌声。休息时好几个与会者走到我面前说：“讲得好，很实际，我们很需要，什么时候也到我们那里去讲讲？”会议的总负责人伍清奇总经理对此感到格外满意，对我说：“感谢您为大家做了一个精彩的报告。”此后湖南、北京、山东、江苏、上海、浙江、云南等省(市)的20余个单位也邀请我去做了专场报告，得到了听众的一致赞扬，我对此也沾沾自喜。

我去各单位讲学，同行是很欢迎我的，这可以从一些单位对我讲学的出通知或海报以及打出的大幅红底白(黄)字横标可以看出。如1992年我去湖南医科大学讲学时学校就贴出海报："热烈欢迎我国著名图书情报学家军事医学科学院图书馆馆长、研究生导师陈界教授来我校讲学。"21世纪初以来对我欢迎的形式有所改变：在学校校门上或大楼前或报告厅里或会议室打出大幅标语来欢迎我，并称我为"知名专家""资深教授""著名的图书情报学家"。如去黑龙江、广西的多所大学我见到的就是如此。全军医学科研成果评审委员会副主任、著名军事医学科学家杨进生研究员向来我馆参观的数十名评审人员介绍我说："这是我们军队著名的图书馆专家。"我真是受宠若惊，承受不起，盛名之下其实难副，有愧于业界信任。日后我当继续努力，以谢众人之信任。

第十篇

创建全国医学文献检索教学研究会

一、大环境小气候

创建全国医学文献检索教学研究会是我数十年图书情报生涯中影响深远最有意义的一件大事。它直接关系到我国一百数十所高等医学院校学生的教育质量和走向工作岗位后的自学能力，是我最得意之作，我为其付出的心血和汗水不少。

自从国家教委于1984年发出教高一字004号文件“关于在高等学校开设文献检索与利用课的意见”和1985年发出教高一字065号文件“关于改进和发展文献课教学的几点意见”以来，我国高等院校积极贯彻这两个文件精神，对研究生、本科生、专科生和在职医务人员开设了文献检索课或讲座，并在教学实践中获得了较好的效果，受到广大学生和教师的欢迎。在全国范围内围绕着文献检索课程的教学目的、计划、内容、方法和师资队伍等问题进行了有益的探讨，取得了一定的进展。为了进一步深入开展这方面的研究，促进教学水平的提高，在有些系统和地区，建立了文献检索教学研究会，如全国中医药文献检索教学研究会，1989年初全国文献检索教学研究会正积极准备建立，全国的这个大环境，促使我们医学系统要与此同步，也形成了自己的小气候，并正在迅速地发展着。

“医学文献检索”作为一门课程在全国高等医药院校和部分科研医疗机构，开设了数年，已经培养出了一批有一定水平，能从事各个层次教学的师资队伍，积累了较丰富的教学经验，编写出了一批水平较高的教材，无论在理论上还是在方法上都在逐步地前进，并且站稳了脚跟，已基本上得到了社会的承认，引起了医学卫生界人士的重视和关注，20世纪80年代中期在全国的各个专业来说，医学文献检索的教学是走在前面的。1989 年 7 月华东地区在浙江医科大学召开医学文献检索教学经验交流会，9 月在同济医科大学召开中南地区高等医药院校文献检索教学经验交流会，我都应邀出席。此后，华北地区在内蒙古医学院召开教学示范及研讨会，全国医学文献检索教学方面取得了可喜的成果，出现了很好的势头。但是，这门课程当时还存在一些亟待改进和提高的问题，如理论上还需要深入和更加完善；教学方法需要改进；教材亦需要进一步系统化和理论化；各层次的教学如何进行，教师的水平如何提高，学术思想和教学经验如何交流等等一系列问题都需要认真地加以研究。有鉴上述，成立一个这方面的学术组织，把全国从事医学文献检索教学的专职和兼职教师组织起来，开展这方面的研究，不断地交流学术思想和教学经验，以便把这门课的教学提高到一个新的水平，这对于正在发展的这门课程是完全必要的。就在前面提到的同济医科大学的会上，重庆医科大学的邹永清教授等提出建立全国医学文献检索教学研究会的建议，立即得到与会者的积极响应，不少人希望我来牵头，他们的理由是：陈界教授已教研究生的文检课近 10 年，是研究生导师，军事医学科学院图书馆领导，全国高等医药院校图书馆协会委员，还是军人，有号召力，他牵头做这件事是最合适的人选。我当时提不出任何理由回绝大家的诚意，这是对我的极大信任，我答应下来了。

二、积极筹备

我从武汉开会回京后，于 9 月中旬就成立全国医学文献检索教学研究会的问题，给全国 15 所高等医药院校的同仁发出了建议信，10 月上旬我收到了 14 封复信，得到了大家的积极反响，一致赞成建立这样的研究会。恰在 10 月中旬我参加在北京召开的全国医学文献情报服务网络和图书馆协作会议。我抓住机遇，与医学图书情报界几位有识之士进行交流，立即得到了他们的大力支持，大会秘书处特将此问题作为大会一项议程进行讨论。会议责成我对有关事项进行准备，并决定在次年 4 月召开的全国高等医药院校图书馆协会二届二次会议上就有关问题进行讨论。

北京会议以后，我从三个方面做了初步准备。

一是：经过调研起草了"全国医学文献检索教学研究会章程（草案）"。

二是：根据头年 10 月我给 15 位同仁的建议信和他们的复信的内容起草了一份关于成立全国医学文献检索教研会的倡议书。

三是：经过我认真研究提出了该研究会的性质、目的、任务、领导关系成立的时间、地点、开会方式及成立筹备组等各项事宜的初步构想。

1990 年 4 月在成都召开的全国高等医药院校图书馆协会二届二次会议上对上述三个方面的问题进行了讨论，肯定了我这段时间的准备和工作进展，并决定由我和兰州医学院朱允尧、华西医科大学戴天恩、浙江医科大学朱象喜、同济医科大学黄玉华等组成筹备小组，由我牵头。会议还决定：同年 10 月在同济医科大学召开成立全国医学文献检索教学研究会暨第一次学术研讨会，研究会成立后挂靠在同济医科大学图书馆和图书情报学系。同济医科大学馆校二级领导对此十分重视，并组织了一个班子专门负责筹建工作。我与同济医科大学有关人员、筹备小组的其他 4 位成员以及全国高等医药院校图书馆协会秘书处经常保持沟通，交流工作进展。同济医科大学做了大量准备工作，各项工作进展顺利，8 月 20 日同济医科大学派该校汪宜丽教授来京与我就筹备工作的具体事宜进行了磋商，21 日我们一起去全国高等医药院校图书馆协会秘书处汇报，并讨论了有关问题，达成了共识，得到协会秘书处的鼎力支持。至此会议准备就绪，万事俱备，只欠东风。

三、成立大会

经过一年的紧张筹备，全国医学文献检索教学研究会成立暨第一次学术研讨会于 1990 年 10 月 13—16 日在武汉同济医科大学召开。来自全国高等医学院校及有关部门和单位的代表 70 来人出席了会议。全国高等医药院校图书馆协会秘书处王兆令主任、武汉大学图书情报学院陈光祚教授、湖北高校图工委杨建东秘书长、同济医科大学副校长袁琏教授等到会讲话，向大会表示热烈的祝贺。

我代表大会筹备组向大会做了筹备工作情况的报告。我在报告中除了讲了会议的背景和筹备工作的三个阶段外，还就筹备工作的几个具体问题做了详细说明：一是关于论文的评审；二是关于理事会组成的人选；三是关于会议的经费；四是关于会议的代表问题；五是关于研究会的章程；六是关于倡议书的问题；七是关于会议的进程；八是关于会务方面的准备。

会议共收论文 70 余篇，进行大会和分组学术交流，代表们畅所欲言，对多年来医学文献检索与利用课程取得的成绩和经验进行了总结；会议对教学中存在的一些问题提出了很好的意见和建议，希望研究会今后以学术交流为主，开展多种学术活动，以增强研究会的活力。

10 月 15—16 日全体代表就研究会章程（草案）进行了讨论

修改;经与会代表充分酝酿,以等额选举和无记名投票方式选出19名理事,组成理事会,第一届理事会选出常务理事7名组成常务理事会,选举同济医科大学副校长袁理为理事长、兰州医学院朱允尧教授和我为副理事长。同济医科大学图书馆副馆长兼情报系副主任王永喜为秘书长。

当天晚上全国医学文献教学研究会召开了第一次常务理事会,会议决定根据工作需要,设立秘书处、教材编写组、学术组等组织机构。每个组织机构都有分管人和参加者。我分管学术组,参加者有北京医科大学的陈荔子和上海医科大学的莫梅琦两位理事。

四、积极开展医学文献检索教学研究

研究会成立后,我任第一届理事会副理事长,四年后又当选为副理事长兼秘书长,在此岗位上八年,我做的主要工作是抓学术活动。我认为研究会成立后的首要任务就是不断提高全国医学文献检索教学的质量,培养出具有较高信息素养、较强信息获取与利用能力的学生。这就要求首先提高教师的教学水平,使教师的业务能力不断适应医学文献检索教学发展的需要。要做到这一点就必须积极地开展相关研究工作,搭建学术交流平台,让教师们在持续的学术交流中不断学习到医学文检教学的新经验、新技术、新方法、新理论,不断丰富自己的头脑,使教学跟上形势发展的需要。我们做了以下几项工作:

(1)开好每次常务理事会。常务理事会作为研究会常设的领导机构,在很大程度上决定着研究会工作的好坏和成败,因此要尽全力开好每次常务理事会,认真研究讨论决定要开展的各项工作，特别是讨论研究次年召开学术研讨会需要解决的主要问题，让每个常务理事充分发表意见，然后做出决议，由秘书处将所形成的决议和有关事宜及时以公函的方式通知各成员单位，再由各单位组织文检课教师围绕着主题有针对性地开展研究，并按有关要求撰写论文。

(2)组织会议论文审阅小组，对提交的论文进行评审，提出评审意见，最后综合各专家的意见，评出优秀论文、大会报告论文、交流论文，优秀论文给予奖励，其他论文则发给证书。

(3)召开全国医学文献检索教学学术研讨会。从 1990 年召开全国医学文献检索教学研究会第一次学术研讨会到 1998 年召开全国医学文献检索教学研究会学术研讨会共 5 次，参加人数 370 余人，收到论文 321 篇。每次会前都进行充分准备，大会论文报告后，进行分组讨论，让所有与会者各抒己见，畅所欲言，学术民主气氛较好，使每个与会者都能在医学文检教学方面有所收获。从 1994 年第三次学术研讨会起，每次研讨会期间还进行教学观摩、讲课比赛，到 2000 年出现了课件演示，这些活动结合在一起，使学术研讨会的形式更加多样，内容更加丰富，令人目不暇接。

(4)培养良好的会风，继承优良传统，使每个与会者都有收获。

坚持研究会的学术性。我在任期间每次学术研讨会上我都强调：开展教学研究，搞好学术交流，使每个与会者在学术上都有所收获，这是研究会的唯一宗旨。为此要竭尽全力办好每一次学术研讨会，使每一次会开得成功，开出特色，让每个与会者在文检教学方面有实实在在的收获，这就要求竭尽全力、精心筹划、周密组织、充分准备好每次会议，并检查每项工作是否落实，坚持每次学术研讨会的安排既务实紧凑，又内容丰富、形式多样，紧跟时代步伐，如从网络教学到循证医学等的讨论交流，使会议生动活泼，有吸引力，能够沿着正确的方向发展，达到预期的目的。要注意防止由于准备不充分，一些工作没有落实而给会议带来消极后果。

加强会议组织纪律，严肃会议秩序。研究会作为一个学术组织，有其宗旨、规章制度和组织纪律，这是研究会正常运行不断发展的保证。因此每次会前，我都特别提醒大家组织纪律对开好会议的重要性，注意防止松松散散，要有一个好的会议秩序和会风；同时要求大家珍惜参会的机会，还强调各单位允许参会的不容易，要好好参加会议，认真讨论，否则不仅自己得不到学术上的提升，也辜负了本单位领导的殷切希望。因此要求与会者有很强的组织纪律性，遵守会议的各项要求，有事需要离开会议者必须请假。我们高兴地看到，医学文献检索教学研究会一直保持着良好的会风，大家遵守纪律，严肃认真，积极参加讨论，气氛热烈，从未发生“放羊”现象，学术会议越开越有生气，吸引了越来越多的人参会。我们这个民间学术团体之所以有这样的凝聚力，原因就在于此。

在全国医学文献检索教学研究会第十次学术研讨会上做报告

五、在《医学图书馆通讯》杂志中设立“文献检索与教学”栏目

在全国医学文献检索教学研究会成立暨第一次学术研讨会上，与会代表对于创办本研究会会刊以便发表广大文检课教师的学术论文呼声很高。但实际上要办这样的会刊困难很大，条件很不成熟。恰在次年之初，我提出创办《医学图书馆通讯》杂志并获批准，于是我顺应形势就在该刊的创刊号中设立了“文献检索与教学”栏目，正好满足了全国医学文献检索教学研究会成立后广大教师的需求。仅创刊号就刊登了文献检索与教学方面的学术论文 7 篇，占该期所发表文章的 35%。从 1991 年创刊号到 1998 年几乎每期都有多篇有关医学文献检索教学的论文在该杂志中刊登，8 年中总共刊登该领域内的论文约 200 篇，到 2008 年止在该刊累计发表这方面的论文共 450 篇，年均 25 篇。发展到今天该刊已成为科技核心期刊，发表这方面的论文就更多了，与创刊初期相比简直不可同日而语。这给全国广大医学文献检索课教师在教学中不断总结的经验和进行研究的论文提供了一个发表交流的空间，其作用和影响要比只在学术研讨会上报告大得多了，这对于医学文献检索课教学水平的提高起到了难以估量的促进作用。因此医学文献检索教学界一些同仁见到我就说：“您为我国医学文献检索教学做了一件大好事，大家感激您！”我对此感到无比的欣慰，同时我也对他们说：“这是我应该做的。”

六、绞尽脑汁筹措经费

全国医学文献检索教学研究会是一个民间学术团体，其领导机构全国高等医药院校图书馆协会也是民间学术组织，所以该研究会没有官方的上级机构拨款。而医学图书情报系统一般经费比较紧张，既不能收会员单位较多的会费，也不能收与会者较多的会务费。为正常开展医学文献检索教学研究和学术交流活动，自成立研究会筹备小组以来，如何筹措经费就一直是个棘手的问题。经研究决定，靠研究会自己设法克服困难采取多途径的办法解决。我为筹措研究会的经费真是绞尽了脑汁。

第一，向全国高等医药院校图书馆协会申请。该协会是本研究会的领导机构，向其申请经费顺理成章无可厚非。但是该协会也是个民间机构，能拨给的经费非常有限，协会王兆令秘书长很支持本研究会，给两年一次的学术研究会每次下拨 1500～3500 元，这对本研究会所需的经费虽说只是杯水车薪，但也是不可忽视的。

第二，拉赞助。在本研究会成立筹备期间，筹备组成员浙江医科大学朱象喜教授就解决研究会经费问题向我提出建议：拉赞助。我听后就利用我建新馆时与一些有关单位建立的联系，为研究会拉来 8 家赞助单位，赞助费占了整个会议收入的一半多，同时同济医科大学王永喜馆长也拉来 1 家赞助单位解决了会议纪念品的问题。研究会成立会议开完以后，还余下不少经费，同济医科大学问我怎么办？我回答：留在秘书处作以后学会的活动经费。此后研究会的常务理事会和学术研讨会，陈桂章、徐一新、李健康等都拉了一定的赞助，这成了本会经费的主要来源之一。

第三，挂靠单位资助。第二届理事会选举产生后，挂靠在解放军医学图书馆，秘书处设在我馆，我既是副理事长又是秘书长，就研究会的经费问题，我与当时任研究会理事长的我馆副馆长张玉洁教授反复商量，并经得我馆党委和庄士彬馆长的同意，从1994年到1998年先后给常务理事会和全国性的学术会议总共资助经费1.3万元。此外，此期间秘书处印发的多期简报、各种来往函件、通讯录等，也由我馆支出，还在1994年的贵阳会议上发给与会者每人一本《医学文献检索》教材。而对于所收各成员单位的会费一般不动用，所以1998年理事会换届由上海医科大学接为理事长和挂靠单位后，我经手转给上海医科大学1.07万元的会费。

第四，常务理事、理事、会员单位资助。这也是本研究会的经费来源之一。在研究会成立初期，我提了一条不成文的规定：以后的常务理事会放在常务理事所在单位轮流开，该单位尽其所能给该次会议在经费上予以支持。第一届第二次常务理事会在兰州医学院召开，副理事长兰州医学院图书馆拿出一笔钱资助了这次会议。以后的第三、五、七次常务理事会先后在白求恩医科大学、浙江医科大学、湖南医科大学等常务理事单位召开，这些单位都资助了不等的会议经费，以后在常务理事单位召开的常务理事会议基本上也都这样做了。此外，朱象喜常务理事设法给1992—1998年召开的四次全国性学术研讨会都资助了经费，每次最少1000元，最多的是4000元。作为成员单位的华北煤炭医学院图书馆也为1998年的大连会议资助2000元。众人拾柴火焰高，大家都来关心和支持，经费困难的问题就好解决多了。

第五，收缴会费和会务费。根据医学图书馆经费状况我主张研究会考虑尽量少收会费和会务费，否则有的馆的老师可能不参加了，这得到了大家的支持。所以历年来收取每个成员馆的会费

1998年5月与出席大连会议的为医学文检教学做出贡献的四所军医大学的代表合影（后排左起：二军医大戴立华，四军医大郑子侠、石建，一军医大李健康，二军医大崔竹金，解放军医学图书馆陈界；前排左起：三军医大吴培红，解放军医学图书馆张玉杰、杨春华）

和每个参加会议人员的会务费与其他的学会比较起来算是最少的。但无论如何这也是研究会的不可忽视的经费来源，不可小视之。

第六，精打细算，节约开支。在成立研究会筹备期间和以后我曾多次强调：节约每一个铜板，为了我们的医学文检教学事业的发展。本研究会没有上级拨款，经费十分紧张，一方面靠我们自己去广辟财源解决经费困难的问题；另一方面还要靠办会的人精打细算，节约开支，不浪费一分钱，把能节省的钱都要省下来，要细水长流，过紧日子。这样，不仅解决了会议的经费问题，而且多次会议完后还有节余，这些节余的钱都交到秘书处，以备不时之需。

为了研究会的经费问题，我可以说是煞费苦心，多数人能理解，而有的人并不理解，但我对此问心无愧。凡参加该会理事会的人，身上多了一份责任，需要的是付出，是担当。研究会能给会员的只是学术提升的机会，却不能给任何人涨一分钱。

七、当顾问

1998年全国医学文献检索教学研究会已成立8年，该会第二届理事会已任期四年该换届了，我这时已62岁，退休已一年，所以不能再在理事会任职，该退出来了。自1989年10月提出要成立该研究会起，我就与她紧紧地联系在一起了，几乎没有一天不思考着我要为她做点什么，让她不断地成长，为全国医学文献检索教学事业不断发展做出贡献。我与她结下了不解之缘，对她怀有深厚的情感，现在要离开她，就好像孩子离开娘似的，真是舍不得。我的这种与研究会割舍不掉的心情为全国医学文献检索教学的教师所理解，也被新一届理事会所理解，所以当新一届理事会在大连一换届，就马上研究决定："聘请前副理事长兼秘书长解放军医学图书馆陈界教授为全国医学文献检索教学研究会的顾问。"这给了我极大的慰藉。我还可以与研究会的理事们一起共同战斗，继续为研究会发挥余热，尽绵薄之力。自那以后，我一直在关注着研究会所发生的一切，愿为她做我所能做的事情。而研究会也始终没有忘记我，冀我为其出力，所以每次常务理事会和学术研讨会都特邀请我出席会议，并且为我报销差旅费，我亦有受宠若惊之感，每次都尽力去参加，除了1996年因病住进301医院和2014年因回老家湖南没能参加会议外，其余我均参加了，缺席会议时我均给大会秘书处发去了贺信，据闻秘书处在会上宣读了我的贺信。

任研究会顾问十几年来，我主要做了以下几件事：

第一，向常务理事会建言献策。由于我对全国医学文献检索的教学情况和研究会的发展历史比较了解，所以我能从实际出发提出一些有利于研究会工作的意见和建议，常务理事会基本都采纳了。如 2008 年 10 月在广州召开的常务理事会议上我提出：2010 年是全国医学文献检索教学研究会成立 20 周年，研究会应该举办一些庆祝和纪念活动，总结 20 年来研究会的工作经验；表扬 20 年来为研究会做出杰出贡献的单位和个人；对近 10 年来研究会挂靠单位、理事长馆的工作做出肯定；对 1996 年到现在的教材进行评选，设立编写奖；对今后的发展进行规划和展望。该建议得到常务理事的一致同意，会议上进行了初步的讨论并付诸实施。

第二，向理事长、秘书处反映情况。10 多年来我曾多次通过电话和写信的方式向研究会如实地反映一些理事或文检课教师的意见。这对改进研究会的工作方法和工作作风起到了一定的作用。

第三，完成研究会交给的任务。能为研究会做点力所能及的事情是我很乐意的，无论交给的事情大小和急缓，我都竭尽全力去完成。我把这些任务看作是对我的信任和尊敬，作为一个老同志，做好它是我应尽的职责，我从未推辞过。如常务理事会研究决定：要在 2010 年研究会成立 20 周年庆典大会上报告“全国医学文献检索教学研究成立 20 年来的回顾和展望”的专题由我负责，在《辉煌二十年(1990—2010)——纪念全国医学文献检索教研会成立 20 周年》纪念册上刊载教研会的大事记也由我负责编写。我愉快地接受了这两项任务，并联合原副理事长王永喜、原常务理事朱象喜，以及当时的秘书长李晓玲、常务理事杨春华等共同完成，先由我执笔写出大纲征求他们的意见后我再写出初稿，请他们修改，由我在庆典会上做报告。“大事记”基本上也采取“前面的回顾和展望”模式完稿的，附在纪念册最后。这对于了解研究会 20 年的发展历程是不可缺少的。

从研究会成立到现在已经26年了，虽然近年来我参加研究会的活动相对少了，但我好像与研究会和所有医学文检课教师都还心心相印，休戚与共，从未有也不愿意离开似的，过去与大家相处的情形仍经常浮现在眼前，大家了解我也很关心我。记得1996年4月在广西南宁召开的全国医学文献检索教学研究会第四次学术研讨会，整个筹备工作都是我在抓，但由于我患腰椎间盘突出住进了301医院而未能出席会议，我委托理事长我馆张玉杰教授在会上代我向大家问好，并带去了我写给大会的贺信，会后上海医科大学图书馆馆长本会副理事长陈桂章教授给我来信说："您的信在开幕式上宣读，大家对您的健康十分关切。请允许我代表全体常务理事、理事、与会代表向您表示深切慰问，祝您早日恢复健康！"我馆张玉杰教授和杨春华同志回京后很快就去医院看我，并将会议的详细情况告诉了我，还从会上给我带了礼品杧果，真使我感动不已。更令我难忘的是：常务理事白求恩医科大学李占兵教授、常务理事中国医科大学郭继军教授出席会议后返回途中在北京下车去301医院探望我，交谈中他们对我为研究会所做的贡献多次充分肯定。同年8月国际图书馆联合会议期间，全国医学文献检索教学研究会副理事长、第一军医大学图书馆馆长李健康，第四军医大学图书馆馆长李广德，海南医学院图书馆馆长、海南省医学情报研究所所长、海南省高校图书馆工作委员会秘书长王永喜教授一行三人来我家探望我，要我好好在家休养，并祝我早日康复。大家对我如此的厚爱和关心，我感到极大的宽慰。我今后只有更努力地工作，把研究会交给我的事办好，以报答大家对我的厚爱。在2010年11月的研究会20周年庆典大会上，给了我很高的荣誉："德技双馨，业界楷模"，并且在纪念册上以两页的版面刊登了我的事迹。我深感我做得很不够，还有一些地方有负于大家，那就让我以后再努力吧！

有诗曰：

身为研究生导师，教文检课近十年，
医学文检教学界，各地多次把会开。
大家同声提建议：建立文检教研会。
同行提议我牵头，抓紧时间忙运筹；
经过多方共努力，文检教研会成立；
代表选我为领导，我为教研会尽心。
退休以后不连任，聘为研究会顾问；
古稀之年没减劲，誉我楷模与双馨。

第十一篇

退休后继续为图书情报做贡献

一、继续在编辑部工作

1997 年 4 月 24 日总后勤部下达了关于我退休的命令。几天后馆领导宣读了该命令。当晚馆里为我和另外三名同时退休的干部举行餐会,馆长兼党委书记庄士彬教授发表讲话,对我们四人几十年如一日忘我地工作为我馆做出的贡献表示感谢,并希望我们今后继续关心和支持馆里的工作。针对我个人还讲道:陈界教授可说是"戎马一生",为军事医学图书情报事业做出了重要贡献,退休后继续留在编辑部工作。自那以后馆里回聘我一直工作到今天,已经有 20 年了。我先在《中华医学图书情报杂志》编辑部工作到 2004 年,自创办这个杂志以来我就一直喜欢为其工作,对待工作我始终一丝不苟,既要考虑怎样做才能便于作者发表文章,便于学术思想交流,活跃学术气氛,促进医学图书情报事业的发展;又必须考虑读者的实际需要,不断提高刊物的质量。过去我当杂志主编,领导别人,现在我当杂志编辑,在主编领导下工作,要摆正自己的位置,把主编分配的任务努力完成好,为杂志的不断发展尽最大努力,迎难而上,开拓进取,不断总结经验教训。虽有时感到很劳神,但能为读者和作者尽点绵薄之力,心中还是很高兴的,苦中有乐。

二、继续负责研究生教学和编写教材

退休后我原来承担的军事医学科学院研究生的两门必修课"医学文献检索"和"文献学"的教学任务暂时没有人接替,我便接着又干了4年,保质保量圆满地完成了教学任务。与此同时,我还联合国内数十名专家为这两门课编写了教材,在有关部门的大力支持下正式出版发行。其中,《医学信息检索与利用》一书被国内90余所高校和科研机构作为教材,产生了较大影响。

三、编写医学图书情报专著

2005年初,承蒙本馆馆长兼党委书记湛佑祥教授的厚爱,把我从编辑部调出,专门从事图书情报领域专著的编写工作。我认为:对医学图书情报学的学科建设和发展而言,这既是一项挑战性、创新性的工作,也是一项很有意义的重要工作,是一件大好事,把它做好,其功德无量。在湛佑祥教授的全力支持下我与本馆刘传和教授联合南方医科大学夏旭教授等数十所高校和科研单位的约200名专家花了近10年的时间,大家团结协作共同努力编写成了5部图书情报方面的专著,总计达350余万字,均由国家级出版社出版发行。得到国内很多图书情报学专家的肯定:对我国图书情报事业的发展发挥了积极作用,做出了重要贡献。

2014年在现任馆长陈锐教授的领导决策和鼎力支持下又启动了我院图书情报学硕士研究生的教材之一《新编文献学》(第二版)的编写工作。我与我馆王璇老师联合南方医科大学夏旭教授等20余所高校和科研院所的50余位专家,经过2年的一致努力,大家付出了辛勤的劳动,终于在2016年5月编写完成,字数达87万,并由军事医学出版社出版发行。

上述6部专著的编写完成并正式出版发行,无不浸透着我馆两任一把手和馆内外200余名专家的心血和汗水,总计430余万字(参见第九篇)。在这个过程中领导亲自出面解决各个方面的问题，还挤出时间做了书稿的组织策划和审定工作，使这些书的质量得到了保证。他们对我关心备至、体贴入微，除了经常提醒我多保重身体，外出要注意安全外，还派人陪同我一起出差调研。多年来想方设法让我多次带着老伴去外地疗养。疗养院优美的环境，现代化的设备条件，工作人员热情周到的服务，使我们感到十分愉快，这对我们老年人的身心健康很有好处，我们格外满意。图书馆 A 座要改建扩建，这栋建筑的功能和工作人员都要搬到 B 座和 C 座去，本来要我搬到 C 座，但考虑我年纪大了，搬到这里要爬一层楼梯，后来将 B 座一个大房间隔断，给了我一间，我可以不爬楼梯了，我想：我应加倍努力，把交给我的任务完成好，才能对得起他们。

2007 年在山东大学考察时与该校教授进行学术交流

四、长篇传记诗摘录

退休 20 年所从事的工作较多，情况较复杂，就不在本篇中详细介绍，在此用我写的长篇传记诗中的“四、退休——继续为医学图书情报做贡献”来取而代之。

诗曰：

一九九七年一天，领导对我命令宣：
陈界同志年龄到，今天宣布退休了。
从事图情数十年，诚恳工作踏实干；
刻苦学习不止步，事业有成别人赞。
留编辑部继续干，退休返聘悠着点，
保重身体最重要，发挥余热莫累着；
过去我当刊主编，现为一般业务员，
肩上担子虽轻了，严格要求还必要；
少说多做是上策，保证质量为首要，
一干就是七八年，照常上班不偷懒；
尊重主编和编辑，实干巧干任劳怨，
一为读者喜读刊，二为作者收益好。
全国文检教研会，因为我是创建人，
虽然已经退了休，大家称我为前辈；
常务会和学术会，每次开会都邀请，
多方照顾不用说，还给报销差旅费。
我对文检教研会，感情至深愿尽力，
事先设法安排妥，次次竭力去参议；
会上认真提建议，目的为了促创新，
所提建议被采纳，这是我尽绵薄力。
军医科院研究生，教学任务是我份，
退休应当放开手，恳请领导找人替；
暂无人替我续行，连续又干四五春，
有人接替此工作，后继有人我放心。

教材是教学生命，退休之前我有备，
退休之后联专家，协编教材质量行。
发挥他人之所长，弥补自己之所短，
团结协作同心干，一年编成便出版。
七年之内出三版，质量上乘同行赞，
前后共印二十次，十九万册销路广。
退休日子过得快，不觉过了近七年，
一天领导找我谈，不知何事心犯难，
走进领导办公室，让我坐下慢慢谈：
重任给您莫推辞，编写专著要开先，
图书情报您专长，编写成功操胜券。
我说这是好事情，医学图情谱乐章，
既然领导出此招，胸有成竹早酝酿，
感谢领导信任我，容我三思再商量。
一周以后我回复：我年已有六十八，
深知任重意义大，编成同仁定会夸。
担子虽重我愿干，但我提出六条件，
领导如果答应我，全力以赴不迟延。
领导听我一一列，不断点头都说行，
一拍即合都满意，共谋新图齐努力。
思前想后准备好，编写专著勤思考，
既能发挥己之长，又能经常活动脑，
于己于公都有利，为何不去抓紧搞，
外出调研会老友，交流学术不觉老，
还能结识新朋友，相互学习情绪高，
畅所欲言抒己见，共同献策有高招；
团结协作一条心，繁荣科学事业成，

十一年出书六本，四百万字质量行。
论文发表几十篇，篇篇都来自实践，
专著出版心欢喜，论文发表乐陶陶。
调研另有一收获，饱览祖国好山河，
喜看各地大变样，精神食粮丰富多；
人民生活大改善，国家旧貌换新颜，
改革开放喜事多，人们欢庆红似火。
郑集逾百还出书，我刚八十怎不行？
发挥余热脑莫僵，笔端仍能出华章。
朋友对我行试探：一生奋斗数十年，
经历苦辣与酸甜，能否悟出你体验？
抬头冥思加苦想，最终我来说端详：
老老实实地做人，踏踏实实地工作；
认准目标树信心，排除干扰与艰险，
坚持下去莫怕难，你的成功在眼前。
我为国家少贡献，组织对我很关怀，
让我外地去疗养，还让妻子同陪伴，
食宿疗养和文体，还有交通和参观，
样样服务都周到，心身健康乐开怀。

退休后既要为事业做贡献还要享受天伦之乐，图为老两口与孙辈们在颐和园

2009 年 5 月 23 日出席全国医学文献检索教学研究会常务理事扩大会后在甘肃月牙湖与复旦大学李晓玲教授合影

第十二篇

退休生活

斗转星移，光阴似箭，不知不觉退休已经20年，回顾这段时间的生活，我没有失落感，很少有遗憾，有的是：生活丰富多彩，既充实又有意义，既有成就感又有满足感，家庭和睦，很幸福，我的幸福指数是90%。现从以下方面来叙述：

一、在回聘中充分发挥自己的专长，很愉快

我退休后一直被本单位回聘，前8年留在编辑部从事杂志的编辑工作，后12年从事医学图书情报专著的编写工作。这些是我从事了几十年的专业工作，是我的专长，既能继续发挥我的作用，为图书情报事业做点贡献，又能体现出我自己的价值，觉得自己还可以为国家做点事，不是无所作为了，还有用处。所以，我工作起来信心比较足，积极性也仍然不减当年。我认为：回聘我再做多少年，就等于我的工作寿命又延长了多少年，我为国家所做的贡献就多了多少年，这是继续发挥我的聪明才智的良机，一定要利用这个机会好好做点对我们的事业有益的事。所以总想把交给的任务完成好，做出成绩来，因此，我在为作者的稿件进行修改加工时认真仔细地进行，达到能发表的水平为止，一篇文章往往要修改3～4遍。我因编写专著外出调研，与同行专家座谈交流时事先都列好提纲，并认真做好记录，特别是很多同行在交流时能够做到知无不言、言无不尽，能说出很多好的见解，不少我们从书本上也难以看到的，在这种座谈中听到了，给我们以启迪，我就会感到很有收获，如在广州医学院、山东中医药大学、广西医科大学等高校座谈时，都得到了一些很有价值的独特见解，对我们编写专著就有很重要的作用，特别是在创新方面给了我创新思维或意想不到的启示。

每当经我修改的文章发表后有的作者特地打电话向我表示感谢的时候；每当自己主编的书刚出版拿在手中翻阅的时候；每当自己写的文章发表在杂志上我拿着这本杂志再回头来自我欣赏的时候；每当我在一些全国性学术会议上做完专题报告或受邀去讲学结束后，台下响起热烈的掌声的时候，我的成就感、满足感、幸福感和无限喜悦的心情一起涌上心头，如丰盈的雨露滋润着我的心田。如此情景和这般甜美的心境，为我的退休生活增添了浓墨重彩的一笔。所以当我 80 岁刚完成《新编文献学》（第二版）的编写出版时，我向馆领导表示：虽然我已 80 高龄了，但身体尚可，思想还不糊涂，如果馆里今后还有什么事情需要我做，我还愿意尽绵薄之力，我大学毕业就来馆至今已 54 年了，图书馆就是我的家。回聘工作给了我无尽的乐趣，工作就是幸福！

二、去外地疗养

去外地疗养是我退休生活中最舒服最甜蜜最难忘的日子。由于领导的关怀和有关亲朋好友的大力支持，我退休后得到很多次去外地军队疗养院疗养的机会，而每次都可带着老伴儿一起前往，我老伴儿对此特别高兴。非常感激那些为我们提供这样良机的人们，过去我们想都不敢想的疗养生活，如今一次又一次过上了，怎不让我们心里乐开了花。

大部分疗养院都既拥有优美的自然环境，又有迷人的人文环境；既拥有现代化的先进的技术设施，又有热情耐心、无微不至的工作人员。把我们的疗养生活安排得十分周到，除了进行体检外，有的地方还给予适当的治疗，有三个疗养院有温泉，每天半小时温泉浴，半个月后一般皮肤病都能基本治愈。食堂工作人员想尽办法为我们改善伙食，让大家吃得饱吃得好，主副食花色品种多样，不断翻新，既讲究清洁卫生，又注意调配营养。还组织我们多次去本地的景点和名胜古迹旅游参观，既有医生护士陪同，又有导游向我们进行讲解，既保证了我们的健康，又愉悦了大家的心情，还获得了一些人文知识和自然环境知识，这叫景观疗法。

每进入一个疗养院，我们都感到好像进入了人间天堂，在这里过着神仙般的日子，我们十二分地知足，衷心感谢为我们提供这么好的条件的疗养院的全体工作人员，向他们致以崇高的敬意！

每去一个疗养院我们都带上相机，拍下的每一个镜头，都值得我和老伴很好地品味，在我们的退休生活中可以说是锦上添花。还必须提到的是，我们每次去疗养都与我几十年的战友、同事、军事医学情报专家廖应昌教授及他聪明伶俐漂亮的贤内助曾玉招一起前往，这样既能互相照应，又能在一起聊天，海阔天空、喜笑颜开，真是快乐得很，日子好过得很，还大大地增进了我们之间深厚的情谊。即便是回到北京，前些年，我们四人每年也多次带些吃的喝的去北京的一些公园游玩，也是有滋有味。近年来，由于年岁大出去就少了，但我们的来往仍然较多，又经常通电话，联系密切，互相惦记，心心相印，真有一种一日不见如隔三秋之感。更令我们难以忘怀的是：疗养期间我们与来自全军各单位的首长及其夫人相见，大家都很亲热，有如兄弟姐妹，慢慢地熟悉了，在一起从事各种活动，情趣格外浓。特别是 2015 年去南京疗养遇上了青岛海军医院的刘元平、潘兆娟二位首长同桌共餐，十分融洽。上天作美，2016 年去天津疗养，又遇上了他俩，又被编在同桌就餐，真有奇遇之感，半个月后我们在思想感情上达到了质的升华，结下了深厚的情谊。离别前他俩给我俩赋诗相赠：

陈蒋刘潘四人好，南京天津人意妙。

七八十岁不嫌晚，情投意合深情高。

晚年生活无限好，盛世年华光环照。

三、坚持读书看报

坚持天天读书看报，这是我退休前养成的一种习惯，退休后仍然“痴迷不悟”照样坚持。回聘我在图书馆工作，给了我读书看报的得天独厚的优越条件，上百万册的书刊资料任我挑选，我在这个知识的海洋里自由地遨游，获取我需要的知识信息来充实自己的头脑，以便把握时代的脉搏做到与时俱进。双休日、节假日不去图书馆就自己在街上买报纸看，一天不读书看报觉得缺了点什么似的，心里不踏实。我去外地出差、疗养、探亲访友总要到附近的书店和图书馆去看看。我在庐山疗养期间，隔一两天就去庐山图书馆看书，还为我编写《医学图书馆理论与实践》一书查找到好几篇有重要参考价值的文献。我去香港探亲两个多月，每周去香港中央图书馆两三次，主要是看报，那里每天都有数百种报纸与读者见面，而且管理得很好，我每次都有收获。读书是一个人一辈子的事情，不仅仅是为了获得知识，有时是为了消遣、休闲，有时是为了愉悦心情，如果身心有什么毛病，有阅读疗法，我主编的《阅读疗法理论与实践》一书洋洋洒洒 54 万字就是专门讲读书治病的，古人曾说：“书犹药也，善读之可以医愚。”记得我们湖南有一句俗话“三年不读书，蠢如牛和猪”，这从反的方面来说明天天读书看报的重要性，读书可以使人聪明，增长智慧，启发创新思维，攀登科学高峰。我退休后回聘 20 年，前 8 年天天看稿并修改人家的文章，实际是在看书学习，后 12 年专门从事专著的编写，共编写 6 部书，也是在天天读书，读书、研究书就是我的工作。马克思写《资本论》看了大量的书刊资料才写成的;李时珍完成它的巨著《本草纲目》也参考了数百种文献。凡有作为的人或为人民做出巨大贡献之人一定是一个爱读书的人,毛主席在他逝世前几个小时还在读书。我今后还必须坚持读书看报,使退休生活更加充实和丰富多彩。

四、坚持锻炼身体

生命在于运动,所以必须坚持各种活动,特别是退休的人,身体机能逐渐老化,就更要坚持每天适当地从事各种各样的活动,才能使身体具有旺盛的活力,充满生机,保持健康的体魄,我自退休以后,一直坚持如下的运动:

一是散步。据一些报刊资料上介绍,散步是老年人最好的运动,我的体会也是如此。我一般一天要散步两次,即早晨起床后一次,晚饭后与老伴儿一起散步一次,均约 40 分钟,4000 步左右,双休日增加1～2 次。

二是自我按摩。1995 年我患腰椎间盘突出,我儿子看到《北京晚报》上的一套自我按摩方法可以促进药物吸收加速治愈此病,就买了一份给我照着做,病愈后我仍坚持每天早晨起床后就做,退休后我不但坚持做下来了,而且自己还编了一套起床前做的自我按摩方法,一直到现在还在做。

三是健身器械锻炼。现在很多地方都有健身器械,居住的大院内有,一般公园也有,我虽不是每天都做,但有些时候也利用它,做几种约 10 分钟对锻炼身体效果不错,我和老伴儿去莲花池公园一般都做这项运动。

四是无名运动。我自己创编了两项没有起名的运动:一项是将两手撑在凳上或其他物体上，将腿伸直，用脚尖撑在地上，将头仰起往前向上伸，腰往下压，两眼看天，脖子往左扭向上向左看天，往右扭向上向右看天，回到正中向上看天，不仅练了腰，也练了脖子，还牵动了全身，每天早晨做 36 次；另一项是两手捧腹全身上下抖动 180 次，锻炼效果很好。

五是逛公园爬山。每逢双休日或节假日，有时儿女们拉着我和老伴儿去离家远的公园或景点玩、爬山，有时我和老伴儿就去附近的几个公园玩，一般乘公交车很方便，出院走几分钟就是公交车站，乘车半小时以内，也是一种适合自己的活动。

五、娱乐活动

我的兴趣很少，唯一的业余爱好就是唱歌。我从小就比较爱唱，小时候与伙伴放牛砍柴打猪草就会跟着别人唱，上初中时音乐课成绩我是班上第一，高中我当过班上二年、大一班上一年的文娱委员，就是因为我爱唱歌也可以打拍子。我曾经热衷于样板戏，对民歌也情有独钟，但对通俗歌我却敬而远之。退休前我在很多场合表演过独唱，红灯记、沙家浜、智取威虎山、天仙配、刘三姐和一些民歌、军旅歌等我均可以应对。退休后我买了五个歌本唱一唱，少则半小时多达两小时，有时只有我和老伴儿在家，她爱听我唱歌，几乎每次她都夸我一两句，还说：你如果高中毕业去学音乐你今天可能是个有名的歌唱家了。有时我们去公园玩也会随着公园的合唱团唱，并且洋洋得意。近 20 年在参加全国性学术会议期间我也多次登台亮相，特别是 2010 年 11 月初在武汉同济医科大学召开的第 11 次全国医学文献检索教学研讨会和该研究会成立 20 周年庆典会的联欢晚会上我唱的红灯记李玉和赴刑场一段，得到了大家的一致好评，有些朋友说："没想到您还有这两下子！"2014 年回老家，在招待乡亲和亲戚朋友的午餐中，我唱了好几首歌，大家都很高兴，有的说我歌唱得好，太高兴了，就多喝了几杯结果喝醉了。如果我的退休生活像一条小河，那么我的歌声便是这日夜奔流的小河中的浪花。

其他的文娱活动就是看电视、电影，其中的新闻、天气预报和电视剧是每天不可少的；有时听听音乐，看看戏剧表演；有时看体育赛事，特别是中国女排的国际比赛，我和老伴儿一场不漏，甚至半夜起来看，我们的心潮随着赛事的起伏而波动，我俩可算得上中国女排不折不扣的球迷，百分之百的粉丝。

六、回乡探亲访友

人老了喜欢怀旧，对过去经历过的事情特别是在老家生活学习等各方面的事情，都爱回想，经常在脑海里浮现、闪烁、历历在目，就像又回到了那个地方那个时代。因此，自退休后我和老伴儿先后于 2002 年、2010 年、2014 年回到了我可爱的家乡探亲访友，每次一个多月，给我们留下了极为深刻而难忘的印象。与我退休前 1995 年回乡时的情况相比，家乡已经发生了翻天覆地的变化，人民的生活水平得到了明显地提高，在衣食住行等方面大不一样了，简直不可同日而语。不少农民的生活已不比我们在城市差了，城市人拥有的东西他们也都有了，那种与城市的巨大差距——十分落后、生活无着落、缺吃少穿的情景几乎已经一去不复返了。

我们在生我养我的水埠头村住的时间最长，约占了一半，我们俩与这里都有着不可割舍的情怀，对这里的叔伯兄弟和乡亲们，山山水水、一草一木都备感亲切，我老伴儿曾在此生活了八年有余——生产劳动、生儿育女，与村子里的人相处得很好，特别是与她一起生产劳动的朋友们建立了深厚的友谊，因此，每次回去，她都与他们聊天、玩耍，说说笑笑、津津有味。我很多时候也与乡亲们一起交谈，谈我们的青少年时代，谈现在和将来，也是没完没了，其乐无穷，特别是我的堂侄生光陪我去我青少年时期与同伴常去的那些砍柴、放牛、打猪草、抓鱼虾蟹、采野果、拾蘑菇、做游戏、嬉笑打闹的地方去看一看，我曾在这里摸爬滚打，也饱尝了酸甜苦辣。现在在这里的人们过着丰衣足食的幸福生活，我多么愿意亲近这片热土，更加热爱我的家乡，这令我体会了陶渊明的“采菊东篱下，悠然见南山”的意境。

回到家乡叔伯兄弟和乡亲们对我们十分热情，真把我们当客人，拿出最好的酒菜来招待我们。特别是2014年回乡有些乡亲还把我们当贵宾接待了，接待的层次高了，如为了让我们吃好睡好休息好把我们安排在当地最好的宾馆住宿。我老伴儿已有50余年未见的好同学邓君斌先生特地由他女婿开车从双牌县城到零陵亲自来接我们到双牌，她全家人都热情地欢迎我们的到来，把我们安排在韩国人在双牌开的高级酒店住宿，多次全家在宾馆宴请我们，他和他的老伴陪同我们由他女婿开车，先后去双牌水库和湖南的著名景区阳明山游览了一天半，使我们饱览了这里的名山秀水，也让我感叹不已，于是我赋诗一首“游阳明山”：

湖南永州阳明山，巍峨屹立在云端，

杜鹃遍山红烂漫，百鸟齐鸣飞满天。

最后他们送给我们一些珍贵的礼物，并让他女婿开车送我们到珠山，这一切使我们难以忘怀。

我的同学唐如皎与上次我们回老家一样把我们安排在零陵最好的红太阳宾馆住宿，并在此为我宴请我在零陵的同学和亲朋好友，他和他全家先后两次特地请我们去当地的美食店进餐，老两口还陪同我俩游览了零陵古城、柳子街和柳子庙，还观赏了湘江两岸的美景。我在此也感慨良多，写了“游柳子庙”的诗：

柳子庙前柳子街，柳宗元端坐其间，
一身浩气凌云志，皆为黎民苦与甘，
妙手著文声道义，永州八记天下传，
八方来人都景仰，只因柳公是圣贤。

在零陵期间我的同学高辉特将他所知道的初中同班六名同学都邀请来与我们相会，有自 1956 年毕业以来就未见过分别 58 年的赵京生同学这次相见了，也有三四十年未见的马炳武、周玉琦同学，大家在一起相聚实在难得，亲切极了，从交流中知道大家的情况还不错，都感到很欣慰。高辉还租了一条船把大家运到潇湘汇合处的蘋洲岛去游览了蘋洲书院，大家对这里的美景和悠久的历史文化非常神往。中午还由高辉设宴款待大家，最后大家恋恋不舍地离别。

我们在珠山住了两天，蒋洪松从永州开车把我们接去，安排到永州维也纳宾馆住下，我们在食宿方面感到特别舒坦，他还在高级酒店请我们吃饭，由陈劲松和其他人陪同，真是盛情地款待我们。当时正值蒋洪松在事业上的发展上升之际，我们占他的时间太多，觉得有些愧疚，对不住他。

陈劲松的父亲是我们的同学、同村、好友，我们老两口与他父母关系格外密切，我们回老家，多是劲松用车接送我们，我们老家人有什么事找我们，我们无能为力，也多找他帮助解决，他都尽可能地予以帮助，真麻烦他了。

以上这几位对我们是关心备至，一切都安排得十分周到，使我们在老家的日子过得更加有滋有味，在我们的心中深深地刻下了印记，永不忘怀，我们无法找到合适的语言来向他们表示我们诚挚的敬意，只有衷心地祝愿他们一切如意，家庭美满幸福！

2014年回乡还看到一些亲朋好友各家兴旺发达的景象，令我们既感到格外的兴奋又感到我们国家改革开放以来日益发展和强大，国富民强。就我老伴儿的姐姐家来说：开始时一家人开了一个血鸭店，生意兴隆，收入相当可观，近两年则在三个地方发展成4个血鸭店了，就更上了一层楼，真是芝麻开花节节高一年更比一年强，而且都买了小车了，生活很幸福，大家开心极了！我老伴儿妹妹家盖了一栋三层的好楼房，一家人住得很舒服，比城里一些人的住房并不差。我妹妹家也今非昔比了，过去家里穷得叮当响，现在盖了新房开起饭馆来了，外甥也开起自己的小轿车来接送我们了，与过去相比真是天壤之别。我侄儿家人丁兴旺，儿孙满堂，五谷丰登，衣食无忧。我们启程返京时，大家燃放烟花爆竹欢送我们，我和老伴的心情激动不已。

还必须提到的是，2010年春我俩回乡见到了老伴儿40年未见的同学和同事刘汉福，格外亲热高兴，刘汉福诗性随之而来，于是赋诗题为“送陈界、蒋重姣”：

四十春秋短又长，而今都已白发苍，
风雨同舟谈笑语，患难与共话衷肠。
十亿处处尧舜日，九州遍地春草芳，
今日聚会了夙愿，祝你夫妇寿而康。

回乡探亲访友对我们老年人是一件很令人愉快的事情，所见所闻令人鼓舞，催人奋进。但也使我有点遗憾的是，农村年轻力壮的基本上都外出打工了，留下的多是老人和小孩，很多田地都荒芜了，草长得比人还高，不少的道路也因长年无人走而灌木丛生，让人无法行走，因此还有很多我青少年时常去的地方，现在想去看也都无法去了。

七、旅　游

退休后虽然被回聘做些事情,但毕竟比退休前自由多了,可以出去旅游了,一般我与老伴儿一起去,有时儿女们陪同去。

首先在北京的公园、各景区游览。退休前北京的很多地方都没去过,退休后身体尚可还能走走,由儿女们拉着去离家较远的地方去,已经去过的就故地重游又有新的感觉,没去过的更觉得新奇。有时也与亲戚朋友一起前往。很多日子我与老伴儿在离家不远的公园去游览,尽管有些地方曾多次去,但国家对这些公共地方年年在整修改造,在不断变化,真有常去常新之感。既活动了身子又活动了脑子。

其次去外地旅游。2009 年、2010 年我与老伴儿先后两次去香港,既是去探亲看大女儿,也是很好的旅游形式,每次一个月左右,双休日女儿带我们去香港各景点游玩,品尝当地的美味佳肴,感受当地的风土人情,别有一种风味,我们感到:香港不仅自然景色秀丽,同时人文景观也很有韵味,特别感到香港的各个方面管理得很好,人们遵纪守法,社会秩序好。

我们还利用去疗养或其他的方便条件去旅游,如 2000 年 10 月,我们去昆明疗养,然后我们随当地旅行社组成的旅游团去云南大理和丽江旅游;2011 年,儿子在桂林买了一套房子,我们随儿子去看房子和买家具又在桂林几个主要景点览胜,虽然我们曾经去过,但此次去见到桂林已经大变样了,有些景点比以前更美丽了,更感受到“桂林山水甲天下”的真实含义。

再次我们回老家除了探亲访友外还有重要的内容就是旅游。2010 年我们去了已经 48 年没去的观音山,这次由我的同学陈宇诚陪同游览，记得新中国成立前，我几岁时每年9月19日母亲带着我和哥哥去求神拜佛，真热闹非凡。新中国成立后曾把这里毁了，是改革开放后重建起来的，现在这里成了当地的一个旅游景点了。

最后还必须提到的是出国旅游。众所周知，在军队工作出国的机会极少或没有，我在军事医学科学院工作几十年没有去过外国，退休后就一直想随国内组织的旅游团去国外旅游。直到2007年都还未成行，恰在这年秋天，我的老乡蒋洪松去奥地利工作10年后回国探亲，与他在保加利亚首都索菲亚工作的舅舅唐耀梅一起来我家看望我们，承蒙他真诚地邀请我们去欧洲旅游，他舅舅也在一旁帮着说："趁你们身体好，还能走，抓紧时间去外国看看。"我们说："我们准备随旅游团去，就不麻烦你们了。"洪松说："你们已70来岁的人了，随旅游团去时间卡得太紧，对老人又没有特殊照顾，你们身体吃不消，我们开车拉着你们玩，可以根据实际情况和需要灵活掌握，你们才能真正旅游得好。"并且还说要帮我们办好出国手续，我们就答应了。提起蒋洪松必须在此说几句：他的老家与我的老家同是一个乡，相距约8里路，他的父亲与我哥哥是好朋友，他的舅舅在民航总局工作与我老两口也来往密切。他去奥地利工作是他舅舅帮办的，当时他来北京办出国手续待了半个月，是他舅舅介绍他来我家并在我家吃住，出国时是我送他去机场的。他出国后老惦记着我们，多次回国探亲，也顺便来看我们，很有情义。我与老伴儿于2008年5月11日随他和他的岳母（温州人）一起在北京乘飞机11个小时后抵达德国的慕尼黑，他爱人的妹夫开车来接我们，在高速公路上奔驰了三四个小时才到达奥地利与其相邻的小小国列支敦士登交界处一个小城市，他开的旅馆离列支敦士登的边界约500米，我们就住在他的旅馆里。这里的自然环境很幽美，山清水秀，从半山腰到山脚一般一户一座房子、一个小院子，周围是花草树木，很少有人种庄稼、种蔬菜，只见到一家种了几棵葱和其他蔬菜。我们先由洪松开车拉着在奥地利几个地方玩了几天，后由他和他爱人的妹夫两人轮流开车先后去了德国、比利时、卢森堡、意大利、法国、荷兰、瑞士玩了5天，后来去列支敦士登时我和老伴儿商量买了块劳伦斯手表花了200多欧元送给我的研究生钱军。回到北京是5月23日，往返共13天，总算了却了我很久之前就想出国看看的心愿。我们在国外这些地方所见所闻耳濡目染，过去知道欧洲的一些情况都是从媒体上得到的，耳听为虚，眼见为实，也有些让人难以忘怀的东西：一是欧洲人很有礼貌，待人和气，彬彬有礼，低声细语。我们在路上碰到的执勤警察就轻声对我们说 Good morning！How are you！Good by！我与老伴儿过马路时开车的停车向我们微笑挥手示意让我们先过去，不像在国内车不让人，弄不好还可能被开车的训斥一顿。二是优质服务，处处为顾客着想。我们在德国科隆的旅店住了一夜，起床时将手表忘了带走，吃了早饭，我们开车走了十几公里路才想起来，开车返回旅店，一位男服务员见了我们就用英文说："把手表留在这里了。"接着他跑进一个库房把手表拿出来送到我手里，表上还附了一个小纸条，他取下纸条，我不知写的是什么，但人家告诉我，如果过一个月失主不来领取，他们就按我们住宿时登记的通讯地址给寄去。这是我从来没听说过的，我感到十分惊奇：竟为顾客想得如此周到！三是环境卫生搞得好，无论在旅店还是餐馆，也无论是公园还是其他公共场所，总是很干净整齐，没有人随地吐痰和乱扔垃圾，让人看了感到很舒畅。我们这一次来得值，但给洪松增添了不少麻烦，乘上飞机离京那一刻起我们把一切都交给他了，吃喝拉撒住玩等等都得管，有时真把他累得够呛，我们十分地感激他，却也于心不忍。

八、享受天伦之乐

退休后应当颐养天年，经常与家人在一起，一家老少乐乐呵呵、红红火火享受天伦之乐了，我自退休后基本如此，本来是一个大家庭，但我们的三个儿女都大了，成家立业，各有自己的家，住的离我们老两口较远，平时大家上班总是忙忙碌碌，虽然他们有的一周抽空回家来看看我们，少则一次，多则两三次，我们年纪大了，有时也想清静清静，但很多时候又常常想见到儿女和孙子辈。一起团聚的日子基本上一周一次，一般星期六儿子、儿媳、女儿、女婿带着孩子们都回家团聚，有时自己买菜自己下厨，我和老伴儿能做几道拿手好菜，这样大家动手丰衣足食；也有时去餐馆吃，一边吃一边交流。另外，谁生日全家也在一起团聚，为寿星祝贺生日快乐，更能体现亲人之间的亲情和全家的凝聚力、家庭的和睦，家和万事兴。一般去饭馆吃较多，很少在家自己做，但我们也比较习惯将生日尽量与周末结合在一起过，这样效果更好。一家人无论谁过生日，其他人都要争取来，一般不请别人，就是我们一家子，既简单又随便，很省事，即使我和老伴儿的七十、八十大寿也是这样的。我 80 岁生日一些亲戚朋友要从外地来给我祝寿，都被我拒绝了，否则人家从数千里之遥来为你做生日，除了要花钱外，还需要时间，少则一周多则十余天，既劳累自己也劳累他人，还要花钱，实在是劳民伤财，不是我们花不起那点钱，仔细想想没有什么意思。我 80 岁那天双休日下午，家人有的没事早早就去了北京宴酒店，不久就高兴地唱起歌来，我的兴趣也特别浓，我不知道我唱了多少首，全家人几乎都唱了，就连我从未见唱过歌的女婿也放开嗓门高唱起来，其气氛格外热烈，真是前所未见，一家人真是乐得不得了，我感到从未有的高兴，大家为我祝寿，真是很有味道，一家人的悠扬歌声为我的生日增加了几道亮丽的光彩，天增日月人增寿的美梦会成真了。我 80 岁生日能这样过，我知足了。我记得退休前，我们谁生日了我都记不得，我自己生日过了我都不知道，只是老伴记得，谁生日给谁煎个荷包蛋吃就算过生日了。现在不管谁生日，全家都聚在一起，高高兴兴地一年给每个人过一回生日。重在沟通相互的情况，交流情感，增进了解，促进团结，使家庭气氛融洽。一个和睦的幸福家庭，当然也要吃好喝好，但这不是主要的。看着一家人平安快乐，健康美满，个个斗志昂扬，意气风发，精神饱满，各有奔头，从来没有过的老年幸福感不禁涌上心头，很久都挥之不去。于是又写下“八十抒怀”：

童年家贫多苦难，少年无奈去要饭，
青年解放有书念，北大毕业把军参。
进入军事医科院，奋力拼搏做贡献，
八十体健仍在干，全家老少乐开颜。

第十三篇

我的结发妻子

一、出生在一个秀丽的小山村

我的结发妻子蒋重姣出生在湖南永州零陵区珠山镇只有十来户人家的康阜村。门前一条清清的小河自西向东流去，鱼儿成群结队游来游去，两岸的吊竹和柳树把小河装饰的美丽如画，村子背靠青山，苍松翠柏郁郁葱葱，野花芳香扑鼻争奇斗艳，百鸟歌唱展翅飞翔。小河的对面是一片不大的稻田，夏天绿油油的水稻，秋天金灿灿的稻子随风飘荡，田埂上种的丝瓜、芋头等蔬菜。勤劳智慧的农民把这里打扮得更加秀丽，有如人间仙境。她的母亲吕四莲于 1938 年农历五月二十三日把她降生到这里，她的父亲是个忠厚老实勤劳善良能济人之困的农民。父母共生下 2 男 7 女，养大成人只有三个女儿，她排行老二，上有一个姐姐，下有一个妹妹。尽管那个时代重男轻女的思想比较严重，但她的父母对姐妹三人还是疼爱有加。姐姐蒋甲莲聪明能干，1951 年出嫁，家境尚可。父母含辛茹苦送她和妹妹上学。父母比较喜爱她，上完初小后于 1952 年初送她去六七里路远的珠山完小读书，毕业后在家待了一段时间，后来县里招收中医学徒她就丢下手中的农活报考去了，一举成功离开家学医去了，父母都很高兴，从此一去就很少再回家了。

岳母

岳父

二、高小同学一年我们相知

1951 年下半年我进入珠山完小读高小五年二期，是插班生，1952 年她进入该校读五年一期，我与她相差一个年级，1952 年底我高小毕业，她 1953 年底毕业。我村与她村相距约 5 里路，在她家门前小河的上游，我们去完小上学就路过她家的门前。她入学前我们从未见过，入学后由于期中期末考试各班均张榜公布各人的成绩，我每次均名列榜首，后来我当少先队大队长，她是少先队员，我又是学生会宣传部部长，在学校小有名气，因此，她就知道我了。她班的同学有不少与我是同村人，我又与这些人经常在一起，从学校回家和返校都结队而行，她有时随我们的队伍往返，这样我也知道她了。我班上有的同学也常在我面前说起她，我对她也就知道得多些了。但我与她从来就没有在一起面对面地说过话，好像不认识一样，但对对方都有好感。一直到我 1952 年底毕业都是如此。我毕业半年没有学校可考，在家一边劳动，一边准备升学考试。她 1953 年底毕业，也是因秋季招生在家劳动同时准备升学考试。我 1953 年考上了初中读书去了，她 1954 年没有考上，在家里劳动，一直到去学中医，这中间整整三年我们再未见过，也从没有联系过。我上初中每个学期中间回家或寒暑假往返都从她家门口路过，也从未见过她，更没有去找过她。就这样一直到 1956 年春节终于等到天赐良机。

三、堂兄牵线我们相爱

初中的头两年半我从未考虑过婚姻大事，据说有人找我母亲说过两个姑娘，但母亲未对我说起过，我也不知道。1956 年春节期间，我的堂兄陈维、嫂子蒋元秀就对我母亲说：“伯母，我去灶背村老玉哥家拜年路过康阜村，顺便到我姨夫家拜年，他有个女儿叫蒋重姣，我俩商量觉得她与陈界弟弟很般配，我今天去拜年把她讲给他怎样？”我母亲说：“可以啊！看我陈界的意见了。”我说：“我知道这个人，她与我在高小同学一年，她也知道我，我没意见，不知道她对我怎么样？”堂兄说：“今天你去她家给她父母看看，与他们见见再说。”又说，“我俩都去给老玉哥拜年，路过她家门口时我去给她父母拜年，你留在她家门外等我，他们要我坐下来休息喝茶，我就说我有个弟弟在外等着我，他们必定要我叫你进去一起喝茶，你再进去，这样就自然看到你了，她父母对你有印象了就好办了。”一切按堂兄的安排进行十分顺利，他们都不知道我们的用意。然后我们去离她家只有三四百米远的老玉哥家拜年，吃了午饭，堂兄又叫我给她写求爱信，虽然我初中还差一个学期就毕业了，但从未写过这种信，不知道怎么写，也是堂兄指点的，然后让老玉哥的爱人将信给她，并对她说：“今天上午到你家来的那个小伙子怎么样？”她说：“他是我同学，我知道他学习很好，但我爸爸妈妈不会同意。”兄嫂说：“只要你同意就好办。”然后便把我写的信交给她，她收下再独自仔细看，心里既高兴又心跳得很厉害，作为一个 18 岁的姑娘第一次收到这种信其心情是比较复杂的，高兴的是有一个她喜欢的人来向她求爱，害怕的是爸爸妈妈不同意会骂她，因为爸妈希望她留在家里招郎，要找对象出去太出乎爸妈的意料，但她自己下定决心绝不留在家里，看来与爸妈要有一场斗争。这一对已进入谈婚论嫁的人互相了解互相喜爱，心心相知，只是三年来没牵线才拖延下来，只要有人拉线就会成功，一拍即合，这叫水到渠成，瓜熟蒂落，双方情投意合，格外痴情。不久她就给我写了回信表示她对我的心声，将信交给我的兄嫂请求转给我。恰在次日有她在高小的一个同班同学，请她的表姐来为他说媒，但她都不动摇，告诉表姐她已谈了而回拒了。又过了一段时间她请与她很要好的堂妹去我家向我的母亲要我的鞋样，这需要多大勇气啊！这是完全背着家里人偷偷地做的，后来她妈妈知道了她在做鞋，她说是给上玉村姐夫做的，她妈妈也真相信了。又过了一段时间堂兄与我母亲商量让我请假回家，目的是再促一下此事，主要是做她爸妈的工作。真是巧的出奇，我恰好走到她家门前小河斜对面的路上碰上了她，我们侧身而过，站停了一小会儿都红着脸，我问她“去哪儿了”，她说“送陈美英表姐去了”，就再没说什么离开了，连手都没有握也不敢握。这个阶段两人是两情相悦，心中互相惦记，很想见面，但见了面又怕什么都不敢说，想见面又怕见的矛盾心理交织在一起，互相都能理解，不责怪对方。

我回到家，堂兄的岳母也已来到堂兄家，她是我未婚妻的姨妈，就是请她姨妈去说服她爸妈同意她与我谈恋爱，姨妈的劝说产生了效果，慢慢地她爸妈就认可了。后来她与她的堂妹将她为我做好的鞋和给我的信从老家步行 80 余里送到学校传达室就走了，我拿着鞋并看了写给我的信急忙到零陵城去找她，当时非常想见到她，也很巧，我走到浮桥上就看见她了，这大概就是缘分吧，却没敢去接近她，连句话都没说就离开了。现在回想起来我真没有出息太胆小，走向她拉着她的手高兴地向她说几句亲热的话有何不可？

1956 年下半年我升入高中，她去学中医，两人相距 80 余里，交通不便，学习又忙，靠通信交流相互的情况，每个学期互相写信两封，寒暑假也不约会，但互相从不埋怨。1958 年的 3 月底我请假回家路过她学中医的地方去看她，两人也没坐下来交谈，站着说了几句话就分别了，这样的好机会我们都没抓住。

后来她去人体解剖学习班学习两个月，我知道后将我在高中一年级学过的《人体解剖学》这本教科书设法送给她，希望这本书能为她学习成绩的提高发挥一些作用，以后她曾多次提起这本书。

到1959年，已经谈了三年的恋爱，我们的爱情已向前发展了一步。不久县防疫站要办一个全县检验学习班，她被派去参加学习，4个月后，她与一些同学一起被分配到双牌水库工地医院工作。春节期间我因县里组织慰问团慰问水库民工，有机会顺便去看她，我步行了三四十里路，好不容易找到她的办公室，是临时搭起来的一个篷子，在见到她前我心里既高兴又有些心慌，已近一年未见面了，见后她让我坐下，互相谈了一些情况，约有半个多小时，这是我们第一次坐在一个房间交谈这么长时间，我感到很满足，后来她送了我二三里路，一边走一边聊，天下着毛毛细雨，我们慢慢地沿潇水边的马路走着，心里甜甜的，我记得她的眼皮因吹了冷风有些发肿，我说如果这样将来要去北方生活怎么办？这也是第一次我俩一起走这么长的时间，这么远的路程，她送我到双牌的街上，然后我们恋恋不舍地分手了，但是即使这样，我们仍连手都没有握过，真是“君子动嘴不动手”我俩很守规矩。

与爱人和小女儿陪岳父在天安门金水桥边留影

1959的上半年是我们俩都很忙碌的半年，她工作才半年刚入门，工地医院医务人员少，病人多；我要准备考大学，这么多年的努力学习就看高考见分晓了，我们俩只通过两次信。高考完我写了一封信交给我班同学唐如皎请他转交，他的家就在双牌。接到高考录取通知后，我从老家乘汽车去看望她，我不小心将右手把住车门边，司机将车门一关正好打在我右手的食指指甲上，马上就充血了，我疼痛难忍。车到双牌已是下午4点钟，我找到她，她正在上班，等她下班后互问了一下情况，她知道我考上北大后也特别高兴，然后带着我去吃晚饭，这是我们第一次在一起用餐，吃了晚饭，天色已经黄昏，她又带我去医院为我包扎伤处，我们的手从来都没有碰过，这是她第一次也是不得不拿我的手包扎了，我手指头虽然还在痛但心里是甜蜜蜜的，真是疼在手上、甜在心里。从医院回来后她把我送到在这里修水库的我哥哥的住处，此次与她相处时间最长，约两三个小时，我们仍然保持着一定的距离，隔着一条红线不敢碰一下，我至今仍未想明白为什么会这样？第二天她送我到汽车站并给了我5元钱，我接过来连句“谢谢”的话都没说，但我很看重这5元钱，因为她当时每月只有15元钱的工资，这是她对我的一片心意，她给了我，我收了她就满意了，至于我说不说感谢的话她也并不在意。

重姣刚工作时留影

我离开她后，她的身影很长一段时间还在我脑海里浮现，我到北大后不久就给她写信，并购买了几张北大的校景图片随信寄去，她接到信就如我到了她的身旁，虽然我们在一起时没有卿卿我我，但离别后却又常相思。1961年暑假我回家，但她已于当年春天因双牌水库被东江水库的人马接管，原来的人马只好重新安排，她被安排到水口山区卫生院，在去该卫生院上班前，她特地找到我的堂侄女她高小的同学陈翠英带她去看望我母亲，我母亲曾在水库上与她见过面互相认识，但出乎我母亲意料，她能来家看望她，可见她也是下了很大决心才采取这一举动的。我母亲在当时困难的条件下尽其所能让这个未来的儿媳吃饱吃好。

重姣与同事在工作时留影

我回家次日就赶去水口山，虽没有见到她，却意外地碰到了我高小同班同学陈建文，他在水口山区政府任武装部长，在他办公室聊了一会儿后，他就给她打电话，让她从马子江诊所来接我。我即刻起身去，待我走到离她的诊所还有三四百米远，我们俩相遇了，我内心格外高兴，因为已两年未见，今天我走了约 30 里路才见到她。她笑眯眯地问了我一些情况，就把我引到诊所。这里有从衡阳医学院来的一批师生与这里的医务人员一起防病治病，并由他们来培养农村的医务人员，她在这些医务人员当中从医疗技术和资历等来说都算骨干了，她工作和学习都很忙。领导见我去了就准了她几天假。第二天我们俩就回家，先到上玉村她姐姐家吃午饭，然后我俩与外甥陈爱国一起回家，回她家要路过我村旁，到了我村旁，我送了她一程，并与她约好明天我们一起去珠山找小学同学玩，次日我们按预先的安排行事，吃了午饭后我们在返回途中说定她回诊所的时间，以便我送她一程。可是我在约定的时间去约定的地点等了很久也未见她来，我心里十

重姣（右）与同事合影

分着急，她没有见到我，心里也闷闷不乐，原来她怕天热提前走了，我后悔我为什么不早早地到村旁去等着她。

重姣（后排左三）与医院张院长（前排左三）及战友们合影

湖南的 8 月下旬是天气很热的时候，还有八九天就要返校了，我这天清早起床就迎着朝阳去马子江诊所见她，我这次在这里住了两晚，她白天上班很忙，我闲着无事就看书报或出去到田野里遛遛，她工作中间有时抽空来看看我说几句，吃饭时在一起，晚上我与衡阳医学院的师生住一起。我回家这天领导准了她半天假，她送了我约 5 里路走到一个山坳里，我们坐下来休息聊了一会，她看看我我看看她，看着看着我的激情在涌动，热血奔腾，我突然抱着她在她的脸上亲了一口，这是我第一次亲她，她的脸红红的，她告诉我她脸上火辣辣的，心跳加快。再过了一会我们就分别了。

回到北大我回想起：我离校回老家前，我班上的一位女同学要我把我老家的通讯地址告诉她，大约 10 来天后我收到了她的来信，虽未明确讲爱情的事，但我体会她在向我示意。回北大的次日她要找我聊聊，我明白她的意思，就把我未婚妻的两张照片带上。从宿舍出来我们互相聊了暑假的见闻，走到未名湖旁言归正传了，我明确告诉她我已有未婚妻了，而且已谈了5年半了，接着我把那两张照片拿出来给她看，她就完全明白了我为什么没有给她回信，从老家返校又没主动找她的原因。

1962年的春天，我们的恋爱已整整6年，一般没有这样长时间，我们俩可被有的人称之马拉松式的恋爱，然而6年来发展都很顺利，中间还从未出现任何的波折，我们都很满意，一切都那么风平浪静。她对我的爱很执着，好多过去她的高小同学、学医三年中的同学和有的同事不少向她求爱她都没有动摇过，有的寄钱给她，她把钱退了回去；有的写信给她信中夹有邮票请她回信，她不予理睬；有的向她多次示好她旁若无事，而对我不管人家说什么她都认定了。但没有想到的是，她却突然提出来要与我分手，这如一场暴风骤雨把我这颗一直平静的心灵近乎摧毁了，我摸不着头脑不知所措，十分纳闷彷徨："天啊，怎么会这样！"我6年多的苦苦等待就这样泡汤了！不成！我要弄明白这是为什么，要她给我解释清楚，我一定要再多做工作，让她更加了解我与我和好如初。后来她明确地告诉我，她误以为我们文化程度相差太大，配不上我，担心将来我变心，会把她甩了，与其将来被甩掉，不如现在就提出与我分手。为了使她能回到原来的心理上去，我特地请我初高中同班、大学又在一地的最好的同学李建林写信给她进行劝说，他的信写得棒极了，句句都打动了她的心，就这样一阵风波被平息了，在经过这种考验后我准备暑假回去与她结婚，我不平静的心也就安定下来了。

四、喜结良缘

1962年暑假，我从北京回到老家就对我母亲和哥哥说："我要与蒋重姣结婚。"他们听了都很高兴，并积极做了些准备。为我们准备了一间房子、一张床、一张桌子、一个柜子等，都是原有破旧的，还准备按照习惯举行一个结婚仪式，拜堂成亲。回到家的第三天，我赶早起床吃了早餐迎着初升的太阳匆匆地去马子江诊所接她。我步行了三个半小时走了近30里路到达目的地，她见到我笑嘻嘻地给我递来一杯开水，交流了一些情况，然后向领导提出回家结婚并请求批准假期，吃了午饭我们顶着火辣辣的太阳走过一片片稻田，一座座山林，一边走一边聊，两颗心紧紧连在一起，乐滋滋地，憧憬着我们新婚的甜蜜生活，真是开心。走到康家村附近，突然天空乌云密布，不久就下大雨了，我们跑到一座房子门下避雨，约半个多小时雨慢慢停了，但天色已晚，等我们到上玉村她姐姐家已经天黑了，我们与姐姐姐夫寒暄一阵，吃了晚饭，住了一夜，次日回各自的家。我曾问她要不要坐轿，她说不要，她要我让我的堂侄女即她的同学去她家把她接到我家就行。我们按她的要求办了，这样为我们家节省了不少钱。至今令我惭愧的是，她与我结婚，我不但没有买上一套新衣服给她，而且也没买任何一点纪念物送给她。她则知道我家困难不提任何要求，她对我以身相许，这些东西她不在乎，甚至连一个字都没有提，一切从简，她的父母也很通情达理，也知道我家的实际情况，并无其他想法，只希望我俩今后相亲相爱、白头偕老、和和美美地过日子。我和全家都很感激她和她的父母。关于结婚的日子，她妈妈提出农历七月十二日是个喜庆的日子,就定下来了。我俩去乡政府领了结婚证。七月十二日这天举行结婚仪式,一些亲戚和叔伯兄弟都来祝贺,共摆了4桌酒席,两人就拜堂成亲。晚上闹洞房比较热闹,整个堂屋除了4张桌子周围坐满了,其他看热闹的人也来了不少。这是我俩一生中的大事,我俩内心的喜悦之情溢于言表。已经很晚了,送我俩入了洞房后就散场了,从此我俩的新生活开始了,有心人终成眷属,喜结良缘了。

北大毕业时照

按照习俗,女方过门到男方家成亲的第三天,必须由男方陪同女方回娘家,叫"三朝回门"。娘家也要摆酒席迎接"新姑爷",散席后稍做休息,按照习俗不能在女方家过夜,就回我家。次日她因工作忙不得不回单位去。我们赶早起床吃了早餐,她告别我母亲和哥哥便走了。我送她到10多里外的坦府村南边的一个山岔路口边的凉亭里休息了会儿,然后我站在亭子里恋恋不舍两眼直瞪瞪地遥看着她渐渐远去的身影,直到看不见了为止。

我在家待了四天,老思念着她,便迫不及待地去她单位找她去了。我在这里住了三天,因为要在9月1日学校开学这一天赶回学校报到,就不得不回家了。承蒙领导关照又给了她一周的假随我回家。当时正值收割稻子的大忙季节,我俩一起去帮生产队收割了两天。我们戴着宝庆帽,在烈日下淌着汗水与大家一起劳动,金黄色的稻浪随风滚滚,稻子的清香不时飘来,两

重姣1959年照

人内心充满了从未有过的喜悦，真是开心爽朗。8 月 29 日她送我到黄沙河火车站，等我上了火车她才离站返回。列车不断地向前飞奔，我的身子不停地摇晃着，脑海里接连地显现着我们在一起时的情景，一幕一幕又一幕……

五、被错误处理回家

我离别了新婚后的妻子回到了学校进入我大学的最后一年，这是我学生时代结束前的最后一年，是关键性的一年，我一定要在各个方面顺利通过，以便达到毕业的要求，但是我又不能不经常思念我远方的妻子，这两者的关系必须处理好，既做到两者兼顾，又要做到圆满地北大毕业，顺利走向自己理想的工作岗位，这是必须认真对待的。回校后我即给她写信告诉我离别她后的一切情况，两天后我们全班同学就去南口机车车辆厂劳动锻炼一个月。中秋节晚上我与几位同学一起边赏月边聊天，就很自然地思念起家乡的亲人来，每逢佳节倍思亲的真实含义，这时领会的更深刻了，我给她的信里写下这样的诗句：惯于长夜思亲姣，中秋皎月无心瞧，梦里与姣在一起，醒来不见我情姣。并将我赏月时吃的饼干的另半块寄给了她，以表我思念她的心切。她接到我此信后深切地感到了我们之间的亲情，在以后的日子常多次谈起这首诗和这半块饼干，我们都深陷在幸福的回忆中。

一个学期结束了，我准备回老家过春节与母亲和妻子团聚。我已多年没有回家过春节了，这次一定要做到，母亲和妻子自然高兴万分。我回家以后，母亲给我做好吃的，也谈了重姣的一些近况。次日我就去妻子的诊所，我在这里住了几天，她每天仍然很忙，除了在诊所给病人看病治疗外，还要出诊，有时有急诊病人黑夜里也得去，我真体会到了她的不容易。离除夕还有两天了，她向领导告了假我们一起回家，30 来里路，而且上山爬坡，羊肠小道和田埂小路不好走，但我们走起来仍觉得很轻松，边走边聊，两边秀丽的景色也未能欣赏，不知不觉就回到了家里。按老家的习惯我们去她家过小年，上玉村的姐姐姐夫也来了，大家团团圆圆、喜气洋洋地围在一起吃年饭，享受人间的乐趣，第二天上午我俩就回到我家，母亲和哥哥也准备了各种年货，见到我们俩回来了都面带喜色，我俩第一次在一起而且与家人共同欢度春节，既感到新鲜又感到很有意思，亲戚朋友见了我们自然也很客气，互相祝贺新春好运。假期好像一转眼就过去了，我们没有过够也只好按时回到各自的岗位。

时间如流水，我北大毕业分配到部队工作，报到后回老家休假一个月，多数日子与她在一起，因她工作忙，我只好随她，有时我们也去探访亲友。一个月很快就过去了，我回到部队，一个月幸福快乐的日子使我们不断回忆着，我们在各自的工作岗位上发挥着自己的光和热，为祖国努力地工作，憧憬美好的未来。她在工作中一直严格要求自己，积极要求上进，无论是在双牌工地医院，还是在水口山区卫生院和马子江诊所，都勤勤恳恳一丝不苟地努力工作，很快就入了团，还当了医疗组组长，多次得到领导的表扬和奖励。

天有不测风云，人有旦夕祸福。1964 年春天，正当她还在兢兢业业地克服一切困难为我国的卫生事业而辛勤地工作贡献自己青春的时候，却因某个领导出于个人的报复以她家出身富农为借口荒唐地未经上级批准就把她处理回家了。她怀着愤愤不平的心情离开了她从事了八九年的深深热爱的医药卫生事业回到我家从事农业生产劳动。她的不少同事、同学和领导知道她的遭遇后都为她感到惋惜，打抱不平。双牌工地医院张院长得知这一消息很感遗憾。她1958—1961年都在张院长的直接领导下工作学习，他是南下老干部，几年的共事对她很了解，这样处理她完全出乎他的意料，但在当时的情况下他不便插手，只好写信除了赞扬她以外就是亲切地安慰和鼓励她：不要丧气，等到未来总有"水落石出"的那一天。同学、同事和领导的安慰和鼓励增加了她在农村中坚持下去的勇气和力量。

从1964年春她回到我家直到1972年经我们组织批准迁到北京随军共约八年半，她与我母亲在一起生活，在生产队劳动，操持家务，生儿育女。1965年生下儿子陈文学，1967年生下大女儿陈怀京，1970年生下次女陈向京。我每年回家探视一次，与她和家人团聚一个月，虽然有时也能帮她做点力所能及的事情，但大多数的日子我都帮不上，看见她和我母亲辛辛苦苦我心里干着急也无济于事。在生下三个孩子正需要我在她身边，给她力量、信心和勇气，扶她一把的日子里，我却不在她身边，她真感到乏力和无助，她多么盼望我能回到她身边看看她，助她一臂之力。我与她的想法是相同的，很想做得好一些让她高兴满意，但很多时候我是心有余而力不足，工作实在走不开，我是多么想看看她产后的情况，看看刚生下来的孩子，但我却做不到，真是有愧于他们，我是一个基本合格的军队图书情报干部，但却不是一个称职的丈夫，也不是一个合格的父亲，我没有尽我应尽的责任和义务。好在我母亲这个时期身体健康又能厚待儿媳和孙子辈，重姣也很体贴尊敬她，二人关系很融洽，这样减轻了她不少负担，我也能安心在部队工作，加之她在村里人缘关系又很好，大家在一起互相帮助快快乐乐，虽然有时很劳累辛苦，但苦中有乐。

此期间她来北京探亲三次，第一次是随我母亲一起带着儿子来的，第二、三次是她带着两个孩子来的，她来一趟北京非常不容易，十分艰难：一是她晕车，在火车上很难受，吃不好睡不好，担惊受怕；二是带的两个小孩需要照顾；三是路上处处都要小心谨慎，否则就可能出问题。从我的心愿来说，我希望她也能每年带着孩子来京与我团聚一个月或更长一些，但这样就太为难她了，她要多受很多累，我不能光顾自己，让她多受罪，我于心不忍。由于当时我们的条件极为有限，此期间也未能给她和孩子们什么享受，仅仅带她们去几个主要地方玩了玩，甚至连件像样的衣服都未给他们买过，也未给孩子们买过玩具，实在是太亏欠他们了。但他们从未责怪过我，这使我感到很欣慰。结婚后的 10 年我们相距 2000 余里，都经常碰到这样或那样的困难，由于她的坚强和奋力拼搏，也都一个个被克服了。

六、一家团聚

1972 年 5 月底组织上批准我爱人和三个孩子随军迁京，一家五口终于可以团聚了，我好不容易才盼到这一天，多年的梦想得到实现了，我无比的喜悦。由于住房问题暂时还解决不了，组织上让我先回湖南把爱人和孩子的户口迁过来，等房子解决了再搬来，并让我去广西宾阳把吴克念爱人和三个孩子的户口一并办来，我欣然受命高兴前往。我先去吴克念家乡把他爱人等四人的户口办好，即返回我老家把我爱人和孩子的户口办好。回到家里见到母亲和爱人，大家都很高兴，可母亲的泪水不禁潸然而下。儿媳和三个孙子辈与她日夜相处，她虽然辛苦，但是她愿意，她心里总是乐呵呵的，人家说她儿孙满堂，儿子有出息她最爱听，现在听说就要离开她，她自然舍不得。户口在京落下三个月左右，约在 9 月中旬，单位在临时来队的家属招待所给我一间房子，可以把爱人和孩子接来了，我心急火燎，即速回老家搬迁。乡亲们都羡慕我爱人和孩子,“真幸福啊！就要搬到北京去了,住到毛主席住的地方啊!”由于我们当时对问题考虑不周就将小女儿留下随着奶奶,等条件成熟了再把她接去北京。就这样她和两个孩子搬来北京了,可以搬来的东西少得可怜,不超过100斤。我们乘火车到京后,单位派了一个小车把我们四人和一些随身行李接到招待所的一间平房,房内有一张双人床、一张单人床、一张三斗桌、一把椅子和两张方凳,我原来有一把椅子也搬来,两位同事分别送我一张小板凳和一个马扎,没有饭桌把两张方凳拼在一起代之,没厨房就将刚买的煤炉放在门口旁边做饭菜,餐具厨具都得现买。从南方迁京,衣被是个大问题,原有的衣被既少又单薄,根本无法过冬,也只能勉强添一些,特别是晚上要在露天下看电影,不得不给我爱人买一件棉衣,给儿子添一件棉猴儿,没钱给女儿买了,就把军队发给我的绒衣给她穿上,我抱着她看电影。我当时的工资刚由60元增到70元,组织上安排我爱人进“五七药厂”工作,每月有30元工资。由于家庭底子薄,什么东西都要买,加之她有父母、我有母亲需要接济,所以经济上十分拮据。好在我们过惯了艰苦的日子,再者我爱人是个很精明的人,她计划得好,精打细算,又勤俭持家,家庭各方面安排得较好,家庭事务也样样能干,一家人的理发、做衣、做鞋等她全拿得起,连北方的面食她都学会做了,一家人吃得很满意,另外,组织上把他们四人的医疗都包干了。我俩配合得比较默契,家务事商量着办,有分工有协作,我主外她主内,生活安排得井井有条,虽然艰苦,但是只要一家人能团聚和谐我们就很满足,不觉得怎么苦。日子过得很快,不觉半年过去了,令我们不安和牵肠挂肚的是我小女儿在老家跟着奶奶,我爱人一想起此事心里就难受,有时不禁泪水汪汪,于是我们设法把母亲和小女儿接到北京。此前我又多次向组织上请求给我增加一间房,以便她们来后能容纳得下,正好住我们隔壁的那一家刚空出来，组织上就把这间房批给我了。我们一家六口就算大团圆了。又过了一年，组织上分配给我四室一套中的两室，当时由于住房太紧张，曾经住一户的当时住两户，共用厨房、洗澡间、阳台、厕所。还发给我们一套全新的家具：一张双人床，三张单人床，两把椅子，五个凳子，两张三斗桌。看着这么多的新家具，一家人高兴极了，对当时的一切我们都很知足了。

母亲在京只住了半年就回老家了。我和爱人都要上班，而且还经常晚上要开会，只有一个星期天休息，有时还有活动或义务劳动。三个孩子都要教养，一天忙得团团转，两眼一睁忙到熄灯。另外，我还经常出差，有的时间还较长，少则十天半个月，多则一两个月，我爱人在家单打独斗更是忙得不可开交。除她自己上班外三个孩子的吃喝拉撒住上学，有一点疏忽就可能出问题，弄得她焦头烂额，但是她为了支持我的工作硬是咬紧牙克服了不知多少困难挺过来了，我在外虽然常惦记着家里，但是有她在解除了我的后顾之忧，我也就放心了。我在内心深处感激她。一般地说凡一对夫妻有一个在事业上有所成就，他的背后必有一位默默无闻的贤内助全身心地支持着他，使他一心一意地为他的事业去打拼，事实就是如此。我在事业上所获得的成功与她的努力和全力支持是分不开的，军功章上有我的一半也有她的一半。自结婚以来 50 多年的历程就是这样走过来的，我为有这样一个好妻子而感到格外欣慰。我们数十年来互相理解，互相支持，恩恩爱爱，算得上恩爱夫妻。虽然有时发生一些矛盾，闹点别扭，双方面红耳赤，但我们都知道互相谦让，过一会儿就好了。我们也相信，两口子一辈子从不发生一点矛盾、从不吵架大概是没有的，或是很少的。

三个孩子 1974 年合影

三个孩子上学时合影

妻子将重姣

全家 1975 年照

儿子小学时照

儿子高三时照

全家 1978 年照

全家在毛主席纪念堂前合影

七、落实政策，放下包袱

喜马拉雅山再高也有顶，雅鲁藏布江再长也有源，人们的日子再苦也有边啊！党的政策的阳光终于冲破了乌云照到了我爱人的身上。自她被错误处理回家后，背了23年的黑锅到了该放掉的时候了。1986年春一个偶然的机会，在解放军307医院工作休息时，她与在此从事环境卫生的一个熟人聊起她被错误处理的问题，这位熟人深表同情，并告诉她："你应当去找组织，你这种情况应当给你落实政策了，我爱人就是落实政策办公室主任，他就是做这个工作的，不少这样的人政策都落实了。"她回家对我说后，我当时还是半信半疑，后来就抱着试一试的念头，成了很好，万一不成也没有关系。于是她给永州市水口山区卫生院写信讲此事，该院将信转给负责落实政策的李大国，他给了她满意的答复。我看了复信即去找领导，领导上很支持。经党委研究决定，要我回湖南永州去办理我爱人落实政策的事，差旅费组织予以报销。我和爱人心里升起了曙光，我即买好车票开具有关介绍信，就于10月初匆匆赶往永州。

我先到永州市卫生局找到有关部门与负责政策落实的同志交流了情况后他说："处理你爱人负有主要责任人已经在'文革'中死了，我请示了局长，我们一致的意见是：死无对证，这件事不好办。"后来我通过各方了解到办这件事的阻力很大，后经与几位朋友、同学商定：由我初中同班同学高辉（当时任永州市纪委副书记）去找他在零陵师范的同学永州市市长沈四海说明情况。高辉找到沈市长说明了这件事情的真相和当前落实政策碰到的阻力。沈市长告诉高辉："叫陈界写一个简单的报告，我在上面批示：陈界同志是军事医学科学院情报研究所的主任，其爱人蒋重姣原是水口山区马子江诊所的医务人员，1964年春被错误处理回家从事农业生产。按照党的有关政策应予以甄别恢复工作，市卫生局应从速办理，然后向我汇报。”此后我又与我村在永州市保密科任科长的陈正生一起去他的同学永州市卫生局邓局长家里去说明情况，邓局长按沈市长批示办理，并向中共永州市委落实政策办公室报告，市落实政策办给永州市卫生局的文件称：“蒋重姣1956年参加工作，属全民医务人员。1964年‘小四清运动’中，因家庭出身富农，将其处理回家不妥，现据湘发〔84〕32号文件精神，同意收回蒋重姣由你局安排工作，工资定卫技十六级参与改标，从到职之日起发给。其他待遇按同级同类人员享受。”我以为这样问题已经解决了，所以拿着该文件就回京向有关领导和有关部门汇报。可是我把问题看得太简单了，其实问题还没解决，形成这个文件，只解决了她的收回问题，她要是就在永州工作问题基本解决了，但是她在北京工作要在北京成为全民医务人员还有很多工作要做，这样我们又开始了新的征程。

我与表弟唐致智及三个孩子合影

我和爱人及两个女儿与外甥爱国及其妻合影

文学高三时与外甥蒋昌权在京读初中时合影

经组织和领导反复研究决定，她这种情况还必须再去永州把她的工作关系、劳资关系从永州办来以后才能落实，而且不能转为干部，只能转为职工。到 1987 年 4 月，领导上决定：由组织出面派人去永州办理。因此经军事医学科学院情报研究所党委研究，并请示秦伯益院长同意：指派情报研究所政治部张征文干事前去办理，一直到最后在京落实。我 4 月初火速赶到永州把一些必要的先期准备工作做好，以便张干事到后能迅速进入角色。

我准时到火车站接到张干事，然后一起住进零陵军分区招待所。他与我先到有关部门与有关人员进行初步交流后，再进行下一步工作。我的岳叔蒋华轩为此事与张干事和我商定，把落实政策办公室主任和有关负责人请到他家摆了一桌酒席，大家边吃边谈，确定办理的步骤和需要准备的东西及必要的手续。政策办主任说：“军事医学科学院的领导特派张干事来办理此事说明领导上的重视，我们积极配合把这件事办好，需要什么我们给什么，需要我做什么我们尽力而为。”

根据研究还需要一些证明材料进行补充说明，于是我与市委办保密科长陈正生一起前往水口山马子江诊所找到我爱人的同学刘汉福医生，后我又另到一个诊所去找李大国医生分别写了证明材料送有关部门。要把她的工作和劳动关系从永州转到北京市劳动局还必须通过永州市劳动局。我们通过我初中同学永州市办公室主任马炳武的爱人打通了关系，还算比较顺利。政策的

我和老伴儿与岳叔(左二)和岳叔母(左三)及老伴儿的妹妹戊秀(右一)合影

落实得到了一些亲朋好友的支持,如我村的陈沛光、陈芳也都出了力,并特地为此出谋划策。特别值得提出的是零陵地委黄森书记的关心。我是上年来永州办理此事,回京前给他在中国青年政治学院读书的儿子黄晓明带录音机认识的。回京后把录音机交给黄晓明就与晓明认识了,此后晓明就多在星期六来我家吃晚饭,晚上与我儿子下围棋,次日吃了早餐回学校。慢慢地与我一家都比较熟悉了。他听说我要为我爱人落实政策再次回永州,就给他爸爸写了一封信,托我带去。信中说:"陈叔叔和蒋阿姨待我很好,这次陈叔叔为蒋阿姨落实政策的事回永州,如遇到困难盼给予帮助。"我把信送到他家,只有他妈妈在家,过了几天黄书记请我和张干事到他家吃饭并问:"你爱人落实政策的事办得怎么样了? 有什么需要我帮助的?"我听后内心十分感动,心想:他作为地委书记,日理万机,还惦记此事,请我们吃饭。他还说:"我是不喝酒的,今天你们来了破例陪你们喝一杯。"这样就把我们与他的距离拉近了。又过了两年他与他爱人来北京,还特地来我们家看望我们,送给我们从老家带来的礼品。还特地说:"晓明在京多蒙你们照顾，我们深表感激。”2002 年我与爱人回家探亲特意去医院探望正住院的黄书记。他躺在病床上不能起来，但他说：“谢谢你们来看望我，可惜我不能行动，要不陪你们去玩玩。”他还特地送给我们他写的一本诗集《苦菜花》和他的自传《坎坷人生》，我和老伴回京后都认真多次拜读，十分感人，可惜我们以后回老家再也见不到他了，但他的形象和坚强不屈、铮铮铁骨处处为老百姓着想的精神却永远留在我们的记忆中，黄书记千古！

我和张干事回京后主要由他为我爱人落实政策的事而东奔西跑，我实际上只是配角了。后来我了解到真正把这件事办好还遇到了不少障碍，但由于中国工程院院士、军事医学科学院院长秦伯益少将的果断决策使问题一个个解决了。

所碰到的第一个问题是：军务处有关人员认为，这不是军务处的事不应该由他们来办。秦院长即给军务处打电话说：“落实政策是全党的事，叫你们办就给我办。”军务处就不得不办了。后来张干事告诉我，他去永州前特请示秦院长说：“要是从永州办来后，北京市劳动局不接收怎么办？”秦院长说：“我们院自己消化！”这样张干事去永州的底气就更足了。后来我通过在北京市劳动局工作的我同事赵书林在北京劳动局工作的儿子小赵打通了关系，可是后来到 307 医院具体安排工作时，307 医院讨论决定由 307 医院院务部安排。但当张干事去找 307 医院院务部负责安排的副部长李某时却说不成。张干事即告诉了秦院长，秦院长叫张干事把李某找来，秦院长质问他：“你为什么不办？”他急忙回答说：“我没有说不办。”秦院长说：“那好，你回去办吧！”这样秦院长把最后一个问题解决了。我们全家人都十分感谢组织上和领导的关心和支持，使问题最后得以解决。党的政策的阳光和雨露照耀在我全家人的身上，温暖和滋润着全家人的身心。我们特别要感谢秦院长和张干事的鼎力支持和所做的努力，也要感谢情报研究所政委丁登明和政治部主任施凛荣以及其他有关人员所给予的支持和帮助。从此我和我家人也就一块石头落地了，可以放松心情、昂首挺胸、迈开大步往前奔了。

八、退休后的幸福生活

我爱人的政策落实后她已经48岁了，她在工作岗位上又干了两年于1989年退休。她可在家安享幸福的退休生活了。这时我们家的经济状况已经明显好转，她落实政策后每月工资增加了约70元，三个孩子都参加工作都有工资了，可以说已衣食无忧了。过去23年思想上受压抑，现在已经完全解除了，她本可以在家好好地休息，与家人和亲朋好友游玩聊天了。但是她是一个一贯闲不住的人，有适合的工作还是想着适当干一点，正好四环药厂需要她这类人才，她就被聘用去干了两年，除了在工作中结识了一些新朋友和工作中给自己带来愉悦的心情外，每月还有一笔可观的收入，对她自己的心灵是一种极好的慰藉。

在四环药厂干了两年后，我们有了第三代，大女儿生了一个儿子，此后她再未去上班，在家做家务带外孙享受天伦之乐。但实际她里里外外的事情也很多，常常比较忙。到1995年，小女儿又添了一个女儿，她就更忙一些了，有一段时间把她累病了，外孙女只好由她奶奶带去了。随着时间的推移我们家的住房条件也逐渐改善，住得越来越宽敞越来越舒服。她退休以后我们搬了三次家，房子面积由70平方米增加到100多平方米，最后增加到189平方米，而且居住环境也在不断改善。1999年儿媳生了一个孙女家庭又增加一员，可说我们是儿孙满堂了。1997年我退休了，我陪她的日子相对多了一些，可以适当为家做点事了，但是我一直被单位回聘，基本上每天都上班，所以能帮上她的有限得很，她依然很忙，加之2000年时有一段时间因病住院儿子儿媳为了让她不再劳累，孙女就由她外婆带去了。我爱人相对轻松些。

各方面的条件虽说越来越好，但她一向是一个精打细算、勤俭节约、持家有方的人，过去在艰难困苦条件下所坚持的东西现在仍保持着，这一点我俩也有共同点：吃剩下的饭菜我们都舍不得丢，保管好继续吃，儿女们及孙子辈穿的衣服鞋袜不要了还能穿的我们都拿来穿。我俩现穿的有相当一部分是他们不要的，我们觉得扔了实在可惜，这是劳动人民的血汗啊！能节约的尽量要节约，有钱也要注意节约，不能乱花。如儿子经常买些副食品蔬菜都挑高价买，她就不同意，有时甚至与儿子争吵起来，还对儿子说："你买了我也不吃。"儿子经常对她说吃的东西要选贵的买。她现在虽然不买处理品了，可是有些太贵的还是舍不得买。现在公共交通很发达，出行很方便，而且老人又免费乘车，但儿子经常对我们说："为什么不打的，还乘公交车？"我们俩都坚持没有必要花这个钱。为了让我们身体好儿女们花了不少心思除了给我们买名牌的服装外，还经常买些保健品让我们俩吃，如冬虫夏草等。过去一家人穿的，20世纪90年代以前有不少都是她自己动手做的，后来虽不再做，但有些衣服穿烂了补一补还可以穿的，就补一补又穿起来。如我的一条军队发的裤子已有两处破了，她给我补了，我穿起来仍觉得不错，一冬过去了还未扔，准备下一个冬天再穿穿，用的也是如此！儿女们要为我们买新式的时髦的，花钱多了的她和我都舍不得，我俩的思想是：能用的则用，能凑合过去就不用随便买，没必要花那个钱。特别一些现代化的家用设备我们更舍不得买。如2016年我80岁时小女儿要给我们买个智能马桶，我俩开始坚决反对，后来不顾我们反对还是买来了，装好后又教我们怎么用，用了后感到很好，钱花得值。儿子花一万多元给我们买了一台空气净化器，开始我们也坚决不要，后来儿女们好说歹说我们才接受。有时觉得我们老了也该享受了，儿女们孝敬我们乃是我们之福。

她有她的小圈子，退休后这个小圈子发挥作用了。我上班去了，她买了菜回来处理好家务，还有不少时间她充分利用起来：一是与亲朋好友打电话聊天，经常一打就是半小时左右，每次都很高兴，并还经常在我下班后对我兴致勃勃说起打电话如何如何，让我分享她与亲朋好友电话交流的乐趣；二是去活动中心打乒乓球，更多的是打牌，经常下午要在这里花 2～3 小时，每次回家还回味无穷，真是乐开怀；三是去朋友家串门，她在军事医学科学院有不少昔日的好朋友，每隔一段时间打了电话还觉得不过瘾，要去家里串门，互相聊聊其乐融融。从她的这个小圈子能得到很多信息，我有些信息就是她回家后传递给我的，要不有些事情我还蒙在鼓里。又如她经常与她姐姐通电话，姐姐几乎每次都要问："陈界怎么样？"并告诫她，"你们现在这么好的条件要好好待他，他好了你们全家就都好。"2014 年 9 月我们回老家见到了她分别 50 多年的一位老同学，我与这位老同学成了好朋友，她与这位同学自那以来也经常通电话，几乎每次这位老同学都说："陈教授是高级知识分子，是我们国家的宝贵财富，是个大好人，你要好好地照顾他。"我退休这些年，她对我已经不错了，她姐姐和同学电话里的提醒，使她对我就更好了，我去上班前她为我准备好水果和其他爱吃的带到办公室去吃；她还经常把核桃夹好了放在盒子里让我天天吃，而她自己却从来不吃。而且我俩的心态也更好了，我们共同的感受是：老年人多些朋友经常通电话或在一起聊聊对身体大有益处。

姐姐来京时留影

自1972年她和孩子迁京后我们配合得不错，我们退休后，她在家我仍上班，各种事情多沟通商量着办。有些事不需要说只要摆在那里都互相明白，真是心照不宣、心有灵犀一点通，如做菜：我做得好吃就我做，她做得好吃就她做。需要我做的菜上午她买回来进行加工后，放在厨房，她下午去活动中心活动去了，我下班回到家，看到厨房半加工的菜，我就做起来，等她回到家我已做好了。她做菜有些需要我配合做，我打边手，如摘、洗、切以及准备有关配料等。又如存取钱，我只管拿存折去银行，定期存款何日到期她掌握，到时她会把存折给我，我去银行取回或转存回来就给她了，我就当甩手掌柜了。

现在我们俩人相伴，同甘共苦、相依为命。疗养、旅游、探亲访友、逛公园、散步和采购，两人都相随，互相照顾着，我比较粗心大意，而她比较细心谨慎，她经常提醒我“注意某某”。但我偶尔却有点反感，心想：这难道我不晓得还要你提醒？嫌她话多。但我想她也是为我好，希望我一切相安无事，这样我好她好全家都好，多注意小心点没有错，所以我应该感谢她。我们的感情是融洽的。

我们自谈恋爱以来已60年有余，结婚也已54年，但我们却从来没有互相当面说过“我爱你”“亲爱的”之类的话，只是在信上这样写过，但我们思想上相通，不说各人心知肚明，有些事只可意会不可言明，不说不等于我们感情不好，说了也不等于感情就一定好。我们现在该说是幸福的：身体基本健康，衣食无忧，儿女孝敬，一家和睦，心情愉快。我们自己评估：我们的幸福指数是90%。我们对幸福的理解是：身体健康＋衣食无忧＋心情愉快＝幸福。

九、家庭成员

我们的三个孩子都各自发展成家立业，组成了三个小家庭，有自己的小天地，有自己的房子、车子，票子也不缺，兴旺发达，生活幸福美满。

儿子大学毕业参加工作后照

儿子与儿媳1997年结婚照

儿子：陈文学，1965年生，共产党员。1988年北京经济学院（今首都经济贸易大学）本科毕业入首钢小型扎钢厂工作，后调首钢电子公司工作并脱产学习一年财会，1997年离开首钢做职业投资人。待人诚实，孝敬父母。

儿媳：崔晓军，1971年生，河北赵县人，共产党员。1995年毕业于北京农业大学（今中国农业大学），北京市三好学生，气象出版社编审。有很强的事业心和高度的责任感。

孙女：陈湘燕，1999年生，现就读于北京市第57中学，校学生会组织部长。

长女：陈怀京，1967年生，共产党员，首师大本科毕业。1989年进中共中央对外联络部工作，被派往香港中央驻港联络办工作二年多，并先后到韩国和新加坡参加国际会议和进修，处级干部。

女婿：刘特长，1965年生，湖南新化人。1986年湖南师大毕业考入军事医学科学院硕士生，毕业留院当编辑，后转业到科威生物制品有限公司任技术部主任，正当领导上提拔他去担任重任之时于2012年11月19日患脑干出血不幸英年早逝。

外孙：刘远洋，1991年生，2014年毕业于北京第二外国语大学，其中去俄罗斯喀山大学留学一年，现在中国图书进出口总公司报刊部工作。

小女：陈向京，1970年生，1986年中学毕业后进北京橡胶一厂当工人，因工厂倒闭去种子公司工作。2015年退休在家炒股，衣食无忧，为人忠厚，孝敬父母。

小婿：贾新宇，1967年生，河北故城县人，共产党员。大专毕业。先在北京重型机械厂工作，后到华茂中天建筑设计公司工作，现在北京八方达责任有限公司从事管理工作。

外孙女：贾玥，1995年生。高中毕业进入北京航空航天大学学习，2015起到英国留学，2016年本科毕业，现正在英国读硕士。

第十四篇

几点感悟

在中国人民解放军军事医学科学院工作了54年，经历的事情不少，感受颇多，我由一个朝气蓬勃的青年成了一个满头银丝的老者，现把自己的主要感悟写出来供自勉或许有所裨益。

一、对事业要自尊、自爱、自信、自强

54年工作的经历告诉我，在军事医学图书情报工作中要想有所作为，充分发挥自己的聪明才智，为所从事的事业做出贡献，自己不断经受锻炼并得到提高，就必须热爱这项工作，身体力行，奋发图强，全身心地投入，把工作做好。要具有强烈的事业心和高度的责任感，少说多做，牢固地树立为军事医学图书情报事业奋斗一辈子的决心。

高中毕业时我想：将来我要去图书馆工作，那里有很多书，我可以饱读诗书，从中得到启迪，进行写作，发表文章，出版图书，让人们看。于是我第一、二志愿报考了图书馆学系，有幸考上北大图书馆学系。我怀着无比喜悦的心情进了北大，并被北大浓厚的学术气氛所陶醉。四年中我的社会工作不少，成绩优秀，思想进步，在大二时入了党。

毕业后分配到军事医学科学院成了一名军队干部。在领导和同志们面前，在茫茫的书海里，我深深地被感染了，决心在这块阵地上为军事医学科研提供有价值的书刊资料，为国防科技事业贡献出自己的力量。然而在我工作不久，听到有人说："图书馆工作地位低，被人看不起。""没有什么出息。"听了这些话，我心里很不是滋味，但是由于我在北大四年的熏陶，使我在专业知识和专业思想上有了较厚重的铺垫，加之在工作中所见所闻，有了自己的见解。我想：图书馆工作是国家事业的一部分，是党和人民的

需要，人家看不起那是由于他们对这项工作不了解，主要是我们没有把工作做好，只要把工作做好了，使人家感到没有图书馆他的工作就不好办，就很自然地会改变看法。还有我们自己要看得起这项工作，爱岗敬业，自强不息，努力把它做好。你自己都看不起，不热爱它，工作马马虎虎，一问三不知，什么问题也不能给读者解决，人家怎么能看得起你？图书馆工作地位高不高，人家看不看得起，完全决定于图书馆工作做得好不好，是否满足了读者的需求。事实上我馆很多同志很受科技人员尊重，因为他们为科技人员热情周到地服务，提供了科研工作需要的文献情报，解决了他们工作中遇到的难题。科技人员获得成果奖后，买了糖果送到图书馆说："我们的成果也有你们的功劳，没有你们提供的文献情报，我们的科研也难搞好。"有的科学家说："军事医学科学院能获得国家特等科技成果奖，图书馆功不可没。"吴馆长逝世后老科学家曹金鸿含着热泪对我说："吴馆长为科研人员诚诚恳恳地工作了几十年，为科研提供了很宝贵的文献资料，他的逝世对我们是一个很大的损失。我们很怀念他。""军事医学科学院的每一份光荣和每一份业绩多少都凝聚了图书馆的一份心血。"另外我馆一些工作人员曾多次被评为本院和总后系统的先进集体和先进个人。吴馆长还代表全馆出席了 1978 年召开的全国科学大会，受到了大会的表彰和国家领导人的接见。这些都充分说明，只要把图书馆工作做好了，图书馆的地位自然就提高了，图书馆工作者自然会受到人民的尊敬，军事医学科学院和 301 医院的图书馆合并成立解放军医学图书馆后铁一般的事实雄辩地证明了这点。现任馆长陈锐教授 2014 年在全国上百万图书情报人员中被评为几个榜样式人物之一就是一个极好的说明。

二、要勤奋，不要懒散

我曾多次听吴馆长说："一个人活在世上，要为人民多做些有益的事情。"这话深深地刻在我的脑海里，我经常想：一个人的精力和时间是有限的，要想多做些有益的事情，就必须抓紧一切可以利用的时间，勤奋地学习工作，决不可偷懒，决不能让时间流逝，虚度年华，除了充分有效地利用8小时以外，还必须把可以利用的业余时间利用起来，为实现自己的目标服务。一位哲人曾经深刻地指出：天才就是勤奋。也就是说勤奋可以出智慧，出天才，可以创造人间的奇迹，乃是成就自己的事业的重要原因之一。一个人要想多收获，就必须多付出，多出力，多流汗，勤奋和成就是紧密联系的，没有勤奋的工作，就不可能在工作中取得出色骄人的成绩。农民靠勤奋种出了好的庄稼，图书情报人员靠勤奋才能为用户提供广、快、精、准的文献情报服务。1974年底我任馆领导后，一方面要处理馆务和做些具体业务工作，还必须学习业务技术，加之家务繁重，总觉得时间不够用，几乎天天挑灯夜战。在图书馆这个平凡的岗位上，懒懒散散、应付差事也能混得下去，但是要高标准把工作做好，为科技人员提供高质量的文献情报服务，让用户满意，却是很难很难的啊！必须不断地开拓进取，创新求实，吃苦耐劳，付出艰辛的劳动和汗水，不断吸纳新的知识，启迪创新思路，提高业务能力和服务意识，才能做得到。我的很多同事就是这么干的，而且赢得了读者的美誉，称之为"活字典""查资料有困难就找他（她）们"。我必须向他（她）们学习，奋发图强，一步一个脚印干下去。我从未在工作中偷过懒，我问心无愧的是，我在这个神圣的殿堂里度过了54个苦乐年华，把我的主要精力献给了图书情报事业，我与她休戚相关，荣辱与共，我在她辛勤地哺育下不断成长，没有她就没有我这 54 年的事业和所取得的成绩。我对这里的一切都有一种恋恋不舍的情怀，这是我温暖的家，在这里我沐浴着春风、阳光、雨露，感到幸福和满足，有归属感，我深刻感悟到：我与她结下了不解之缘，我能为我国的图书情报事业做些有益的事情，取得一定的成绩，获得同仁们的赞同，一靠党组织和领导的关心与培养；二靠同事、家人和同行们的热情支持和帮助；三靠自己的勤奋和不懈地努力。这三者缺一不可，否则我将一事无成。

三、对读者要热心认真，不要冷漠敷衍

图书情报机构的读者服务部门的工作人员天天与读者打交道，通过他们的工作使文献信息被读者利用，充分发挥其应有作用，使知识宝库成为知识的喷泉，即使本机构其他部门的工作，其出发点和落脚点也首先要考虑读者的需要。因此，图书情报工作人员成了联系读者和藏书的纽带和桥梁。如何发挥这一重要作用？除了要具有应有的基本功以外，还必须有一颗为读者服务的心，热情地为他们提供文献资料，以及利用文献资料的方便条件，用自己的辛勤劳动和汗水点燃读者所需之光，照亮他们在艰难崎岖的科研小路上不断地往上攀登，去达到科学顶点。要千方百计地为读者着想，即使自己不懂，也不要一口回绝“不知道”，敷衍了事，应当问问相关人员再回答，或者请读者去询问其他人；本馆解决不了的可以告诉读者去何单位可以解决；当看到读者在馆一筹莫展，不知所措时，应热情主动地询问，为其排忧解难，其会对你感激不尽，我对此颇有感触。记得有一次一位读者着急地在馆里

走来走去，我主动向前问他："你要找什么资料？"他说："我要找一份美国宇航局的研究报告。"我带他到目录柜前，查到索取号，然后一起到书架旁按索取号把这份报告找了出来，既为他找到了他所需要的资料，又教会了他查找的方法，他脸上堆满了笑容，紧握着我的手连说了三个"谢谢"，他高兴，我的内心也充满了喜悦。类似的事情在图书馆经常可以碰到，就看你是否具有真正为读者服务的意识。做读者服务工作，不能怕麻烦，要把麻烦留给自己，把方便让给读者，使读者高兴来馆，满意而去。我馆有不少参加工作多年的老同志既熟悉馆藏文献，又有强烈为读者的服务意识，所以与读者的关系十分融洽。如果怕麻烦，不设身处地为读者着想，而是马虎应对，读者就会另眼看待我们。要先读者之忧而忧，后读者之乐而乐，这就是我们的馆风，是一种让科技人员受益和享受，而自己也得到赞誉之风。

四、对机遇要紧紧抓住，不要轻易放弃

图书情报工作虽然平凡，但也会给从事这项工作的人员提供各种使人能够发挥自己的才能为事业做出积极贡献的机遇，关键是看你能否抓住，能否正确地去面对这种机遇，迎接挑战。要采取有效而切实可行的措施付诸实施，充分地施展你的本领，牢牢地驾驭它，使你在这种挑战中取胜。"人贵有自知之明""知己知彼百战不殆"，当机遇来临后，你首先要对主客观情况进行详细的调查和认真地分析：你有没有能力迎接挑战？客观情况你是否掌握？有多少胜算的把握？是否做好了迎接挑战的准备？这些问题都解决了，就要不怕困难，排除干扰，坚忍不拔，苦干实干，一鼓作气，坚持到底，胜利往往就在你最困难时坚持和再坚持一下之

中。有的机遇如果不紧紧抓住就可能稍纵即逝，很可能对事业造成不可挽回的损失，亦会给自己带来伤害，甚至遗憾终生。抓住了你可能受益良多。

1989年同济医科大学邀请我去参加中南地区医学文献检索教学经验交流会，会上提出建立全国医学文献检索教学研究会并要我牵头。这对我是一次难得的机遇，也是一次挑战。我认真地分析了我迎接这次挑战的有利条件和不利因素，扬己之长，避己之短，牢牢抓住，准备应对。于是我团结有关同仁，做好各方面的工作。经过一年的努力，该研究会成立大会胜利召开，为我国的医学文献检索教学提高到新的水平创造了有利条件。在成立后的8年中我利用我任副理事长兼秘书长的身份与其他理事会成员一起成功地组织了各种学术活动，使全国医学文献检索教学的教师受益，我也从中得到了锻炼和提高，又赢得了全国同行对我的认同。

1991年我创办《医学图书馆通讯》杂志（后改名《中华医学图书情报杂志》）时，我仍按我上述思路进行，抓紧不放，不达成功誓不罢休，终于使自己的美梦成真，为全国医学图书情报界进行学术思想交流，促进事业的不断向前发展发挥了积极的作用。几位医学图书情报界的老专家见到我说：您运作的全国医学文献检索教学研究会和《医学图书馆通讯》杂志很有成效，我们受益匪浅。我在54年的工作中碰到的机遇不少，除了上述的以外，还有《联目》的编辑出版、建新馆、为研究生开课、编写教材、编撰专著等，我都抓住了，脚踏实地去干，取得了成功。依我愚见，无论干哪一行，你都会碰到各种机遇，只要你不失时机很好地抓住不放，充分地发挥你的智慧和潜能，胜利就在你的眼前。

五、多干点实事，少想点名利

图书情报工作被称之“为他人做嫁衣”的工作，这里的一切事情都必须要图书情报人员勤勤恳恳、任劳任怨、不计个人得失和名利、埋头苦干，把该搜集到的文献信息毫无遗漏地搜集全，进行精细加工，科学管理，及时准确地向科技人员提供，最大限度地满足他们的需要。这里让那些不甘平凡、见异思迁、崇尚空谈、专注名利、怕苦怕累、不肯做实事的人走开。在这里工作的人要做到两个“热爱”，做好两个“伺候”。就是要热爱读者，热爱图书；“伺候”好读者，“伺候”好图书。读者是图书情报机构的上帝，没有读者就没有办图书情报机构的必要；图书是为读者服务的物质基础，只有热爱读者，才会从读者的需要出发，爱护图书，把书伺候好，不使书受损害和丢失，保证有高质量的图书及时向读者提供，才能算真正“伺候”好了读者，而不是应付读者，这是图书情报机构的神圣使命。就是要想读者之所想，急读者之所需，没有服务意识，没有实干精神是不成的。如果置读者的困难于不顾，那是严重的失职。读者（或用户）评价图书情报机构的好坏拿什么作标准？就是看是否有好的文献情报资料满足他们的各种需求，解决他们的实际问题。

一个人或多或少都有点名利思想，一点名利思想没有的人很少，关键在于碰到个人的名利与国家和集体的利益发生矛盾的时候如何处理二者的关系。我在长期的工作中名利思想时有浮现，如在筹建新图书馆之初，院首长曾对我说：“好好干，建好了给你们立功。”可是我辛辛苦苦五年把图书馆建好了，并没有给我立功，而从老馆搬迁到新馆不足两个月就有 6 人立功。我心里很不平衡，满腹牢骚，后来经朋友劝说才平静下来。我想通了：建新馆是发展的需要，我是馆领导，把新馆建好，是我应尽的职责和使命，至于是否立功并不重要，不要多考虑。退休后，单位返聘我，我儿子说："那么点钱，别干了，在家里好好休息吧！"我的一些亲戚朋友也这样劝我。我说：我看重的并不是给我的聘金多少，而是单位认为我有一技之长，回聘后可以继续发挥余热为事业再做贡献，我还有可用之处，还能体现我的价值。再说退休做点事情，既动手又动脑，还在不断活动，对我的身心健康和事业都有好处，何乐而不为？

六、走自己的路，让人家说去

在军事医学科学院工作几十年，亲身经历，耳濡目染，对一位哲人的话有了些悟性，"走自己的路，让人家说去"。一个人要真正做成几件事很不容易，就是要有所为有所不为，自己设定的目标要力排众议，克服一切困难，全力以赴，毫不动摇地做下去。一定要执着追求，不要被一些闲言碎语左右了你的行动，影响自己目标的实现。对人家的意见，对的不但要听，而且要照着做；不对的也要听，但听后不做。要有自信心，看准了的事，不要怕人家说三道四，要坚定不移、百折不挠地坚持下去，决不能退却、半途而废。在筹建新馆的过程中，院基建办公室把内部设备的经费限制在400万元以内。我和张敬山同志根据总后洪部长"要建一流的现代化医学图书馆"的指示，经过认真调研搞出一个648.8万元的预算，上报总后，经过多部门多次严格地审核，我们多次陈述理由，最后批准为610万元，我们对此结果十分满意。1990年全军医学期刊工作研讨会上，当讨论到编辑《全军生物医学外文期刊联合目录》(以下简称《联目》)所需经费时,我提出要10万元,遭到了一些人的反对,有一位老馆长说:"你的口气太大了,给你3万元就不错了,10万元肯定批不准。"我并未因此而放弃自己的意见,仍坚持按10万元上报,结果如愿以偿,保证了《联目》编辑出版的需要。

20世纪80年代,我在完成了本职工作基础上不断学习图书情报知识,总结自己工作中的经验教训并进行理论升华找出其规律,撰写出论文在杂志上发表,少则一年五六篇,多则一年达10多篇,我也从中得到提高,同时还可以用来指导工作。这本来是一件好事,应该无可厚非,可遭到了一些人的非议,说什么陈界当个领导,一年发表10余篇文章,他还能干什么工作啊?!开始我听了后心里很不舒服,后来我想:我并没有因写文章而耽误过工作,我是完成好上级交给我的任务后写的,而且我把大多数的休息时间和节假日都搭进去了。当你们在休息睡觉的时候你知道我在干什么吗?当你带着老婆孩子在马路上散步或在公园游玩的时候你知道我在干什么吗?你以为我也与你一样的逍遥自在?不!我是在学习或趴在桌子上爬格子!否则我怎么能发表这些文章呢,靠的就是勤奋,靠的是不断地学习,所以要牢牢记住:走你自己的路,让人家说去吧!

七、学习,学习,再学习

新中国诞生了,我能像其他人一样上学读书了,从此我就再没有离开过书,一直在与书打交道。学生时代如此,工作以后我基本上每天都要接触图书,研究图书,为科技人员提供所需的图书。后来我办杂志,再后来我从事专著的编撰,从表面上看工作不一样，但其实质是一脉相承，仍是从事书刊的生产和传播。一天也离不开图书，也离不开学习。随着科学技术日新月异的迅猛发展，图书情报技术也飞速地发展起来以适应科学技术发展的需要，才能赶上滚滚向前飞奔的历史巨轮，不被淘汰。图书情报工作者必须加强学习，及时掌握图书情报技术发展的新理论、新技术、新方法，才能把握住图书情报技术发展的脉络与时俱进。

按照我的理解，图书中蕴藏着人类有史以来长期与自然做斗争，在改造社会中所积累的经验的结晶，是人类用于改造自然改造社会进行各项建设最宝贵的精神财富，谁掌握了并运用它于自己的实践中就可以创造新的知识创造社会财富使社会向前推进。我在为成都医学院刘萍教授等所编写的《读书与思维——开启医学生的人文视野》一书中所作的序里曾写道："读书就能拥有知识，用这种知识进行思维就可以创新，就会成就你的事业，实现你的梦想，你的学习、工作、生活就会充满灿烂的阳光。""多年来，很多人在各种实践中对读书与思维和创新形成了一种观念：人通过读书可以引发多种思维，这其中常起作用、重要的有两种，一种是惯性思维，另一种是逆性思维或称逆向思维，也可以叫作批判性思维。前者是将所获得的知识储存在大脑中，以备不时之需；而后者是对书中的知识提出质疑，认真地分析思考、评价，并与现实中的问题进行联想与比较，最终提出新的见解。"书中所说的并不都是真理，有正确的也有错误的，有精华也有糟粕，一定要用批判的眼光看待书本中的知识，取其精华去其糟粕，用其与我们要破解的难题相撞击就会产生灵感，迸发出创新的火花，释放出巨大的能量，推动社会不断向前迈进。我认为没有批判性思维就没有创新，它是创新的诱因。一个人要为社会做出较大贡献，必须具有继承能力和创新能力，这两种能力通过读书与思维就可以具有。用书中的知识与惯性思维相结合产生继承能力；而与逆性思维或创新思维相结合产生创新能力。前者固然重要，而后者更加重要，前者可以获取知识，而后者使已有的知识能够激活，创造出新知识、新理论、新方法、新技术，能够创造奇迹，改变世界。

一个人既要爱读书又要善于读书，才能真正成就他的事业，要把书中的精华与自己所要解决的实际问题紧紧结合起来，进行缜密的思索，产生出自己的独到见解，达到创新的目的。一个为祖国为人民做出过突出贡献的人，必定是一个喜欢读书又善于读书的人。我不太善于读书，所以在事业上取得的成绩就很少。但我长期以来都在读书，不断获取知识丰富自己的头脑，改进自己的工作。尽管如此，我仍觉得我有很多东西需要学习，总是感觉自己的知识不够用，还必须坚持学习。我深感：在图书馆工作有多大的学问也用得上，不会屈才。最后我用一首诗来作为我的传记结尾：

执着图情54春，摸爬滚打历艰辛；
酸甜苦辣经磨砺，八十华发勤耕耘；
宁学春蚕丝吐尽，莫做庸人碌无为；
问君欲此何所求？只为军科做嫁衣。

附录

附录一　媒体登载

一、科技日报和健康报

1996 年 4 月 2 日《科技日报》第 8 版的“风采录”栏目刊登了记者李福田采访陈界的报道，标题为“一生书缘——记《医学图书馆通讯》主编陈界”，该报道还被《健康报》于 1996 年 6 月 29 日第 2 版转载。

风采录

一生书缘

——记《医学图书馆通讯》主编陈界

●李福田

对陈界仰慕已久。不是因为他拥有中国图书馆学会理事、中央国家机关和科研系统图书馆学会理事兼学术委员会副主任、全国医学文献检索教学研究会副理事长兼秘书长、解放军总后勤部医学图书资料高级职称评审委员会委员等等15个之多的头衔，也非他被英国剑桥国际传记中心收入《世界名人录》。真正令我敬重的是他这个1936年生于湖南永州小山村、幼年丧父，五六岁便流落他乡到处乞讨给地主老财打短工的苦孩子，竟然与书结下了一生的情缘，为新中国的图书馆事业做出了突出贡献。

陈界的童年乃至少年时代基本上是在旧社会度过的，虽然贤达的母亲发誓要让儿子读书识字，而陈界的读书梦终被饥寒交迫的现实击得粉碎。所幸的是，新中国的曙光终于普照华夏，13岁的陈界真正走进了学堂。也许是读书识字的愿望郁积已久，陈界自有了属于自己的第一本书那天起，整个身心都沉浸到书本中去了。到1959年秋天，23岁的陈界以优异的成绩完成了高中学业。在报考大学的志愿书上，他第一志愿是北京大学图书馆学系，第二志愿是武汉大学图书馆学系。事随人愿，他考进了北京大学图书馆学系！

星移物换。当年那个生气勃发的青年学生，今天已是满头染霜的老者。他说：“我对当初选择干图书馆这一行从来没后悔过。我读了一辈子书，为读书人服务了一辈子，可谓心满意足了。”

有心人终成其业。他先后主编了《军事医学情报网西文期刊联合目录》、《全国生物医学外文期刊联合目录》、《医学文献检索》等五本书和一本译著，前者获军队科技进步三等奖，另有两本分别获中国图书馆学会优秀著作奖和优秀教材一等奖；参编了包括《中国大百科全书》在内的13本书；在各种刊物上公开发表论文90余篇，数十万字，其中有两篇获国家级论文一等奖。

70年代末，他创办了医学图书馆两年制专业培训班，1981年又承担了总后卫生部委托办的全军医学图书资料训练班（一年制）由他培养出来的学生现在许多人都担任了图书馆的领导工作。80年代初期，陈界又为军事医学科学院研究生开设了医学文献检索、科技文献学两门课程，没有教课书就自己编写，并担任主讲。1989年，他又向全国15个医学图书馆界知名人士发出倡议，成立了全国医学文献检索教学研究会。这一组织成立后，为团结全国医学文献检索教学的教师共同进行文献检索教学的研究，促进教学提高教学水平，起到了积极的推动作用。

“有人说干图书馆认识几个字就行，不认识字也可以干的。”这是不懂得图书馆工作所致。谈及一生与书为伴的得与失，陈界有些激动“书是人类进步的阶梯，我们做一个搬梯人，应该感到自豪而不是自卑。”如今他虽然已近花甲之年，身体又不太好，仍然带着研究生。自80年代中期以来，他先后到华西医大、湖南医大、同济医大、第一军医大学等20余个单位讲学。每天晚上，他仍一如从前挑灯夜读一、二个小时，从中吸取营养，丰富自己的头脑。

二、全军政工网和《军休》杂志

全军政工网于2017年2月23日在"部队新闻"栏目中发布部队权威信息，报道了胡畔畔和刘雪涛写的"图书青山上的'不老松'"一文，介绍了陈界1997年退休后被本单位返聘的工作、学习情况。《军休》杂志于同年6月刊登了这篇文章。

图书青山上的"不老松"

胡畔畔　刘雪涛

陈界，1936年12月24日生于湖南省永州市，1963年北大图书馆学系毕业分配至军事医学科学院图书馆(今解放军医学图书馆)工作，1997年退休后应组织需要一直返聘至今。现在81岁的他，虽然是满头银发，身姿也不那么挺拔，但为军事医学图书情报事业奉献了54年的光阴，就如一棵"不老松"的年轮，向后辈们诉说着甘于奉献的意义。

现年81岁的陈界在图书馆查阅资料

奉献之春泥护花不言辛

陈老还记得，在 1997 年 4 月退休，当时的馆长庄士彬在为他和另外三名同时退休的干部举行的会餐会上对他说：陈界同志可说是“戎马一生”，为军事医学图书情报事业做出了重要贡献，现在退休了，留下来继续工作，馆里的一些工作还需要您。因为这一句话和对图书馆事业的热爱，他留在馆里返聘工作至今已 20 年。其实，自分配至图书馆工作，陈老就一直在想：我在旧社会是一个饱受苦难的乞丐、小佣人，新中国成立后是共产党把我从小学培养到大学毕业来到军队从事军事医学图书情报工作。我一定要听党的话，服从组织安排，努力完成领导分配给我的各项工作，把我的毕生精力贡献给军事医学图书情报事业，否则我就对不起党对我的培养，没有共产党就没有我的今天。

未退休时，他将全部精力和勤奋所学奉献给图书馆，退休后，依然秉承初心“蜡炬成灰”，他执着追求，无怨无悔，读书、管理书、研究书、编写书，用书为军事医学科技人员服务，让书中的知识、信息、情报之光照亮那些在军事医学科研崎岖的道路上不惧艰险、不断攀登的人到达顶峰，同时也为图书工作的后辈们留下可贵的资料，有据可依、有史可查、有所传承。陈老主编 1999 年由军事医学科学出版社出版的《新编文献学》一书，被中国图书馆学会出版的当年中国图书馆学会年鉴的大事记列为第一件。该书作为军事医学科学院研究生的正式教材使用了 14 年，被国内图书情报人员作为重要的参考书。

在陈老退休 7 年后，2005 年时任解放军医学图书馆馆长兼馆党委书记的湛佑祥把陈老从编辑部调出来专门从事医学图书馆学方面专著的编写。陈老回忆当时的情景：他把我叫到办公室，说：“请您出山。”我问：“什么事？”他说：“我来图书馆两年了，我在我馆的书库想找一本医学图书馆方面的指导书，就是找不到，我们医学图书馆系统大大小小的馆有万余个，工作人员数万之众，却没有一本书作指导，岂非怪事？于是我想我们来编写一本，80 万字。”我说：“您能想到这个问题，提出来并即着手找人干，这对医学图书馆界是一件大好事，如能成功，您功德无量。”我考虑一周后回答他：“我愿意做这件事，愿意为医学图书馆的后辈们开山引路、落花化泥。”于是分析过现状后，陈老建议先写一本解决医学图书馆界当前之急需的问题编写出一本《医学图书馆理论与实践》，与助手刘传和去 20 多个单位与上百名专家进行了交流和探讨后，于 2007 年 4 月由人民军医出版社出版，142 万字凝结而成为医学图书情报人员编写必备的案头参考书，出版时召开了出版首发式，来自各单位的 100 多名专家出席，给予了很高评价。

原军事医学科学院院长赵达生将军在会上讲话指出：“我看了《医学图书馆理论与实践》一书感到既高兴又惊奇，在医学图书馆领域内竟出了如此高质量的专著，洋洋洒洒 140 多万字，真不简单。”吉林大学医学信息学系的于双成教授说：“这是医学图书

陈界主编的 7 部书籍

情报学领域内的一部百科全书。这是医学图书情报界的专家们用辛勤劳动和汗水所铸造的成果。将对医学图书情报事业的建设和发展起到很大的促进作用。”

奉献之勇攀高峰不言弃

陈老创办并主编了《医学图书馆通讯》这个全国医学图书馆领域内唯一的专业杂志。到1997年他退休接着在编辑部工作，经常提出一些针对改进和提高刊物质量的意见，尽自己的最大努力把刊物办好，把办刊多年来所遇到的多种问题和妥善处理问题的一些经验进行总结，毫不保留地把这些宝贵的心得体会传给新来的同志，并受国内8个省市邀请做了达30来场的报告，得到了听众的一致好评。原《医学图书馆通讯》已改名为《中华医学图书情报杂志》，现是国内同领域内唯一核心期刊，这里面凝聚了无数像陈老这样踏踏实实干工作、兢兢业业谋发展的图书人的汗水。他曾为医学图书情报研究生的两门课编写出版了正式教材，其中的《医学信息检索与利用》自1998年出版后分别于2001年、2004

由陈界主编的《医学信息检索与利用》第一、第二、第三版

年又出版了第二、第三版，被全国90个单位用作教材，在国内产生了较大影响。2010年全国医学文献检索教学研究会成立20周年庆典前，研究会组织对120来种医学文献检索方面的教材进行评选，评选出优秀教材17种，他主编的《医学信息检索与利用》第一、第二、第三版均被选为优秀教材。

因年龄关系1998年5月，陈老从全国医学文献检索教学研究会副理事长兼秘书长的位置上退下来。由于该研究会是陈老创建的，苦心为其经营了8年，使该研究会的工作大大向前推进。经研究会讨论决定，聘其为研究会的顾问。陈老继续发挥光和热，为研究会建言献策。他在研究会成立20周年庆典大会上做了两项重要报告："全国医学文献检索教学研究会成立20年的回顾和展望"和该研究会成立以来的大事记，被表彰为"德技双馨，业界楷模"。

2007年6月—2016年5月，"宝刀未老"的他在湛佑祥、陈锐两位解放军医学图书馆历任馆长的主持和决策与策划下，从事了《医学图书馆学》、《阅读疗法理论与实践》、《图书馆知识管理理论与实践》、《医学信息检索学》、《新编文献学》(第二版)的编写出版工作。这九年半时间编写出版6部图书，共计约440万字，有国内医学图书馆学的开山之作，为医学图书馆学领域填补了空白；有增加了新中国成立后的60多年我国在阅读疗法领域的理论实践进展情况和其他多方面的内容；有继承与创新相结合，理论与实践并举的新学术指南……字字饱含陈老执着学术、至臻完美的追求与无数个挑灯修改的夜晚。为了完成任务，这些年陈老利用休假、探亲、访友和疗养的机会，去外地图书馆查阅有关资料。如去庐山、厦门、大连等地疗养，他特地去了这些城市的图书馆查找有关资料，在庐山图书馆他查到了多份对编写专著很有价值的文献；去香港探亲两个月去香港中央图书馆查阅文献，对扩大他编写专著的视野起了很好的作用；去昆明、杭州、青岛、烟台、天津等地疗养期间有八所高校医疗科研单位邀请陈老去讲课和进行学术交流，他欣然前往，认为不仅传授了他的知识和经验，更是能学到了不少有用的东西，受益良多。办杂志、办学会、写教材、编书，这种“活到老，学到老”的攀登精神，沉醉于不断精益领域的匠心之魂，与事业永葆青春不服老的干劲儿，实在是让人感叹不已。陈老在不断攀登学术事业高峰的同时，自己也成为新图书馆人的“精神高峰”，就在那里标引着，勉励后辈克服困难、砥砺前行。

奉献之专做嫁衣不言轻

当“做图书馆工作太平凡，没有什么出息”这类话传到刚从北大毕业的陈界的耳朵里后，他不为所动，痴心不改，一心一意做工作，这一做就是54年。还有人说：“图书馆工作，是给他人做嫁。”他说：“为他人做嫁衣有什么不好？”老老实实地做人，诚诚恳恳地工作，看准了的事，要下定决心，不怕一切困难，排除各种干扰，坚持做下去，一定能成功——正是陈老一生“撸起袖子加油干”的真实写照。

陈界与中南大学湘雅医学院的老师进行学术交流

陈老说过："我退休了，组织上还需要我留下来继续工作，这是对我的信任，给了我继续为图书情报事业贡献力量发挥我的专长和余热的好机会，我十分珍惜，组织返聘我工作多少年，就使我为党的工作的寿命延长了多少年，能为党和国家多做些工作，这是我的光荣。至于有的人问我：给你多少聘金？我毫不在乎，也不去理会。有的时候为了赶任务，我仍坚持节假日、双休日去上班，从未偷过懒，我要把我的精力贡献给我所从事的图书情报事业，一息尚存，奋斗不止。"正如他自己诗中所写：

执着图情五四春，摸爬滚打历艰辛；
酸甜苦辣经磨砺，八十华发勤耕耘；
宁学春蚕吐丝尽，莫作庸人碌无为；
问君欲此何所求，只为军科做嫁衣。

三、《军事医学科学院建院五十五周年纪念论文集》

2006年军事医学科学院科技部编辑出版了该书，在其第232～240页收录了陈界撰写的题为《领导的重视是我馆建设迅速发展的保证》一文，还在该文的前面加上了【作者简介】。除了载有2寸半身免冠照片外，还有以下文字：

【作者简介】陈界，男，1936年出生，湖南永州人，研究馆员。1963年毕业于北京大学本科，同年到军事医学科学院从事图书情报、杂志编辑等工作至今。曾任军事医学科学院图书馆副馆长兼党支部书记、情报学教研室副主任、研究生导师、中国图书馆学会理事、全国医学文献检索教学研究会副理事长。创办并主编了《中华医学图书情报杂志》；主编专著8部，其中《军事医学情报网西文期刊联合目录》获军队科技进步三等奖，《医学文献检索》获优秀著作奖和

优秀教材奖；参编包括《中国大百科全书：图书馆·情报学·档案学》在内的图书 20 余部；发表论文 120 余篇。

四、《医学图书馆通讯》杂志

在该杂志 1995 年 4 月第 4 期第 2 页上刊登了解放军医学图书馆政治部王桂枝、陈同顺的题为《美好的年华　无私的奉献——中共解放军医学图书馆党委表彰 10 名从事图书情报工作 30 年的专业技术干部》的文章。现将与陈界有关的内容摘录如下：

美好的年华　无私的奉献

——中共解放军医学图书馆党委表彰
10 名从事图书情报工作 30 年的专业技术干部

王桂枝　陈同顺

（解放军医学图书馆政治部 北京 100039）

金秋十月，在欢庆中华人民共和国成立 45 周年的大喜日子里，解放军医学图书馆专门召开表彰大会，会上馆领导宣读了馆党委关于表彰本馆从事图书情报工作 30 年以上的 10 名专业技术干部的先进事迹的决定，号召全馆同志学习他们热爱本职工作，热爱我军医学图书情报事业，全心全意为科研服务的奉献精神。他（她）们是研究馆员陈界，副研究馆员钟镇华、银际云，馆员廖运传、任瑞仪、寿振华、张连峰、赵全琴、魏宝秀，实验师张敬山。

三十多年来，这 10 位老同志，为军队医学图书情报事业默默地奉献了自己美好的青春年华，他们虽没有惊天动地的事迹，却获得了那些工作在军事医学科研和临床上的专家们和广大读者的信任与爱戴。图书馆工作在常人眼里是极普通的职业，可这 10 位老同志却干得有滋有味，在图书馆这块园地里，忘我地工作，各自做出了自己应有的贡献……他们不计名利，忠于职守，扎扎实实地工作，甘当人梯，为他人做嫁衣裳。……他们中多数善于总结工作经验，据初步统计，近五年来，他们共发表论文数十篇，有的还著书立说，把经验和教训留给后人。研究馆员陈界，多年来，潜心研究，创办了全国医学图书馆界的第一种学术性刊物《医学图书通讯》；主编了《医学文献检索》和《全军生物医学外文期刊联合目录》等4本书约250万字，并公开出版发行，在全国10余种专业刊物上发表论文80余篇，同时还参加了10余本书的编写，成为本专业的学术带头人之一，在军内外都有一定的影响。目前，这10名老同志中，有的已接近退休年龄，但他们仍然斗志不衰，为读者服务的热情不减，有的积极为馆领导献计献策，提合理化的建议。

这10名老同志是一个战斗的集体。他们在自己从事的工作岗位上辛勤耕耘，已成为精通本职工作的专家。读者有困难找他们，年轻人不懂的问他们，甚至有的科研人员获得奖励也要向他们报喜。在他们多年的言传身教的带动和感染下，解放军医学图书馆已形成一股立足本职热心服务的良好风气，为促进我军的医学卫生事业的发展做出更大的贡献！

（收稿日期：1994年12月24日）

五、《医院图书馆杂志》

1999年3月，《医院图书馆杂志》第8卷第1期第60～62页刊发湖南省衡阳医学院图书馆馆长谢群宗教授题为《图书情报事业执着的追求者——我所知道的陈界教授》一文。

60　　医院图书馆杂志 1999 年 8 卷 1 期

图书情报事业执着的追求者

——我所知道的陈界教授

谢群宗
（湖南省衡阳医学院图书馆，衡阳　421001）

1959 年我从广东湛江一中考入北京大学图书情报学系与陈界是同班同学，恰又都是湖南永州人氏，还同在医学图书情报系统中工作。陈界教授 40 年如一日为我国图书情报事业的发展而努力奋斗的事迹，我知道的比较清楚，借此机会向读者作一介绍。

陈界教授从我国著名的北京大学图书馆学系毕业后被分配到中国人民解放军军事医学科学院从事医学图书情报工作，一干就是 36 个年头。工作中兢兢业业，不知疲倦，刻苦学习，努力钻研，长期坚持，有心人终成其业，获得了成功。

1　学术上不断探索，成绩斐然

陈界教授在工作中，不满足于在学校所学的知识，还充分利用晚上和休息日贪婪地学习英语和工作中需要的业务知识，结合工作中存在的实际问题，进行深入的理论探索，在图书馆学、情报学、文献学等方面取得令人瞩目的成绩。到目前为止，他先后在 10 几种杂志上发表论文、译文近 100 篇。有 6 篇获得国家级优秀论文奖；主编出版了 6 本图书，《医学文献检索》一书先后出版两版，获得“中国图书馆学会优秀著作奖”和“全国医学文献检索教研会优秀教材奖”；《军事医学情报网西文期刊联合目录》获军队科技进步三等奖；《全军生物医学外文期刊联合目录》已由人民军医出版社出版；《医学信息检索与利用》一书也已由中国科技出版社出版；《新编文献学》一书即将由军事医学科学出版社出版。还与他人合译《未来的战争》一书由军事科学出版社出版；此外还参编了《中国大百科全书》、《中国图书馆建筑集锦》、《中国皮肤性病学博览》、《现代军队医院管理》、《实用科技情报学简明教程》、《中国图书馆和情报机构名录大全》等图书 14 部。上述论著有不少已被其他作者在文章中引用，在国内产生了较大的影响。

2　为培养青年一代而努力工作

自 1978 年以来，他在培养人才方面做了多方面工作，取得了可喜成绩。

2.1　培养图书情报专业人才

2.1.1　“文革”结束，图书情报专业干部队伍断层问题突出来了，培养本专业合格的人才已是当务之急。他充分地认识到这一点，于是首先对本馆在职干部，特别是年青干部，强调要加强业务学习，在干中学、学中干，除了保证大家每周有半天的业务学习时间外，还进行一些专题讲座，特别提倡利用业余时间学习和工作干完以后抓紧时间学习，要求每人有学习计划，于是全馆形成了学习业务的好风尚；此外，只要有可能还将一些干部送出去参加各种有关的学习班、研讨班，参加夜大、函大、电大学习，组织外出参观学习等，到 80 年代中期在职干部的业务水平有了较大的提高。

2.1.2　举办二年制的图书馆学专业班。1978 年上级分配了 9 名具有高中毕业文化程度的优秀战士到馆，要求对他们进行培养。于是，他就为他们办了个二年制图书馆学专业班，从制订教学计划，编写教材、挑选教师到组织实施教学都是自己干，还自讲 3 门课。在教学方面取得了较好的成绩。

2.1.3 承担总后卫生部下达的举办全军医学图书资料干部培训班的任务。从招生考试、录取和整个教学的全过程几乎都是由陈界教授组织实施，还亲自给学员授课，圆满完成了这次教学任务，为军队医学图书馆培养了一大批骨干人才。

2.1.4 培养图书馆专业硕士研究生。1986年他与原军事医学科学院图书馆馆长吴尔中教授合招我国医学图书馆方面的第一个研究生，由于吴教授年高体弱，且次年去世，从招生开始到毕业论文的选题，答辩等很多具体工作都是陈界教授自己做。以后他自己也先后招收了两名研究生。为我国图书情报事业培养出合格的高层次人才而勤奋工作。

2.1.5 外出讲学。由于他在图书情报领域方面的成就和影响，先后被华西医科大学、同济医科大学、湖南医科大学、第一军医大学等20余个单位邀请去讲学，他都愉快接受，并毫无保留地把自己的知识传授给大家。为我国医学图书馆人才的培养付出了心血和汗水，也获得了听课者的好评和尊敬。

2.2 为培养军事医学科学院的研究生尽力。

80年代初，军事医学科学院将研究生的公共必修课"医学文献检索"和科技情报学研究生的必修课"文献学"的授课任务交给陈界教授。近20年来，他严肃认真地对待这两门课程，自己制定教学计划，组织编写教材，实施教学，并为主讲。在教学中注意听取学生的意见，改进教学方法，使授课任务完成的比较好，得到有关领导的好评。编写的两种教材不断补充修改，不断完善，先后被军事医学科学院确定为研究生的正式教材，并正式出版。

3 为全军医学文献联合目录事业打下了基础

有同志说陈界教授是我军医学文献联合目录事业的主要开拓者。了解我军两本医学外文期刊联合目录的编辑全过程后，就知道这话是符合实际的。1982年在西安召开全军军事医学情报网会议以前，全军各医学图书情报机构普遍感到文献资源共享的必要。于是在西安会议上，他就编辑《军事医学情报网西文期刊联合目录》的问题发表了比较系统的意见，会议决定由他牵头负责此项工作。首先组织本馆有关人员去北京图书馆和中国医学科学院图书馆等单位参观，学习别人是如何进行这项工作的，再针对军事医学情报网各单位的实际情况，确定编辑计划，再组织有关同志具体实施，经过大家2年多的共同努力，该目录编辑成功，并获得了军队科技进步三等奖，在全军医学期刊联合目录的编辑方面打响了第一炮，在军内外产生了一定的影响。

在1990年12月召开的全军医学期刊工作研讨会上，他发表了"我对编辑全军医学外文期刊联目的构想"一文，得到了与会者的认可，在该文的基础上，经过研究讨论，写出了关于全军30余个单位编辑医学外文期刊联目的协议书，由会议通过，成为该联目编辑的指导性文献。1991年初，该联目编辑工作在他的领导下，在全军30多个单位展开，为该联目的计划制订、实施、经费的筹措，组织协调、解决各种问题倾注了极大的精力，他多次主持召开会议，解决编辑过程中出现的各种问题。经过他与大家的共同努力，终于成功并且正式出版。这个联目与第一个比较有了很大的不同，收录的文种、参编的单位多，编辑的方法更加先进，质量更高，为我军的联目编辑工作积累了比较成熟的经验，打下良好的基础，也产生了明显的社会、经济和军事效益。

4 为筹建解放军医学图书馆埋头苦干

1984年10月上级把军事医学科学院和解放军总医院合建一个现代化的国内一流的医学图书馆的任务交给他。他感到这个任务既艰巨，又光荣，二话没说就毫不犹豫地接受了。他组织有关人员在北京、上海等地新建图书馆进行参观，查阅并获得了大量有价值的资料，经过反复修改后将一个比较成熟的设计资料交给设计院。在设计与施工过程中，他自始至终参与每一个问题的研究、决策。为此而废寝忘食，经过与他人的共同努力，一栋设计先进、布局合理、功能齐全、设施完善、设备一流、美观端庄的现代化医学图书馆拔地而起。为此付出了巨大的努力，曾因过度劳累而两次晕倒，住进了医院。当他看到一批又一批国内外的专家来参观，并且在留言簿上写到该馆为“世界一流的医学图书馆”时，他感到从未有过的喜悦和欣慰。

5 创办并主编《医学图书馆通讯》

1984年他到福州参加《医学情报工作》杂志编委会期间，萌生了我国应有一个医学图书馆方面杂志的想法，并说如果可能，自己来办这个杂志。1990年底，他从领导岗位上退下来，从事业务工作，就立即提出创办这个杂志的理由和自己办这个杂志的有利条件，很快得到馆领导和总后卫生部首长的批准和支持。经过半年多的筹备工作，试刊号终于与读者见面了，立即在医学图书馆界引起强烈的反响，受到广大同仁的欢迎与支持。7年多来，他在《医学图书馆通讯》这块学术园地里辛勤地耕耘着，用他的汗水浇灌出了美丽的花朵。如今，这个刊物已成为广大医学图书情报工作者的良师益友而立于我国期刊之林。

6 为全国医学文献检索教学研究会的创立和发展呕心沥血

陈界教授在医学文献检索及其教学方面有较高的造诣，并为我国的医学文检教学事业做出了突出贡献。1989年9月他应邀到同济医科大学参加中南地区医药高校文献检索教学经验交流会。与会者提出了成立全国医学文献检索教学研究会的问题，并请他牵头筹办。他回京后即起草倡议书，并尽快向全国15位在医学文献检索教学方面有影响的人发出，得到大家的热烈响应。同年10月他利用参加“全国医学图书馆网络和情报服务会议”的机会进行活动，将文检教研会的问题列入会议日程，得到与会者的赞同，会议请他拿出一个初步方案。次年4月在华西医科大学召开的“中国高等医药院校图书馆协会委员馆第二届二次全体会议”中讨论，并通过了他提出的筹建方案，同时组成由他牵头的5人筹备小组。在陈界教授和筹备组同志的精心运作下，全国医学文检教研会于1990年10月在武汉成立。从此，我国的医学文献检索教学进入了一个新的阶段。成立8年来，陈界教授与研究会的理事一起，组织了各项活动，获得了满意的效果，大大地推动了我国医学文检教学的发展。

从上述可以看出，他几十年来为我国的医学图书情报事业坚韧不拔、忠心耿耿，在事业上获得了成功，在学术上做出了贡献，得到广大医学图书情报工作者的认同和尊重。他有很多社会兼职，他先后任中央国家机关和科研系统图书馆学会理事兼学术委员会副主任、中国图书馆学会理事、中国高等医药院校图书馆协会委员、全国医学文献检索教学研究会副理事长兼秘书长、全军医学情报网文献专业组副组长、国防科技情报学会文献专业委员会委员、军事医学科学院情报研究所学术委员会副主任、情报学教研室副主任、高级职称评审委员会委员、解放军总后医学图书资料高级职称评审委员会委员、解放军医学图书馆学术委员会主任、《医学情报工作》杂志副主任委员。他的传记资料被英国剑桥国际传记中心编入《国际名人大辞典》，还被国内5种名人大辞典收录，并且在1996年被《科技日报》和《健康报》以“一生书缘”为题报道了他的事迹。如今他虽进入花甲之年，还患有腰椎间盘突出症，但仍然在为我国的医学图书情报事业勤勤恳恳，顽强地战斗着，他是我们医学图书情报战线上的一名忠诚战士，我衷心地祝福他。

六、《图书馆》杂志

2006 年 12 月《图书馆》杂志第 6 期封面及封二上刊登的陈界的照片及生平简介。

目　　录

图书馆

双月刊
2006年
第6期
（总第195期）

〔封面人物〕　陈界，1936年生于湖南永州，1963年毕业于北京大学，同年到军事医学科学院从事图书情报工作至今。曾任该院图书馆副馆长、情报研究所学术委员会主任、情报学教研室副主任、研究馆员、研究生导师；中国图书馆学会理事、中央国家机关和科研系统图书馆学会理事兼学术委员会副主任、中国高等医药院校图书馆协会委员；创办《中华医学图书情报杂志》并任主编；创建全国医学文献检索教学研究会并任副理事长、顾问。主编《军事医学情报网西文期刊联合目录》获军队科技进步三等奖；主编《医学文献检索》获中国图书馆学会优秀著作奖和全国医学文检教研会优秀教材奖；主编出版专著8本，其中《医学信息检索与利用》自1998年出版以来已先后出了第1－3版，印刷16次，共10余万册；译著1本；参编著作20余本；发表论文130余篇。

七、全国医学文检教研会成立二十周年纪念册

《辉煌二十年(1990—2010)——纪念全国医学文献检索教研会成立 20 周年》第 20～21 页以《陈界:德技双馨,业界楷模》为标题,用 2 个页面的文字和 4 幅照片介绍了陈界的有关情况。

纪念全国医学文检教研会成立20周年

陈 界:
德技双馨 业界楷模

1989年，陈界教授倡议成立全国医学文献检索教学研究会，得到了同行的热烈响应。作为筹备组负责人，陈界教授负责研究会成立方案的制定工作。在他的积极努力下，成功召开了“全国医学文献检索教学研究会成立大会暨第一次学术研讨会”，并当选为研究会副理事长。1994年第二届理事会挂靠到解放军医学图书馆，他任副理事长兼秘书长。从研究会成立至1998年第三届理事会换届选举期间，在历次学术研讨会、教学观摩会、讲课比赛会、师资培训及换届选举会中，陈界教授与各常务理事团结协作，承担了大量的组织工作和经费筹措工作，倾注了大量心血。仅1990年研究会成立大会上，他利用解放军医学图书馆与有关单位的联系拉来了8家赞助单位，不仅解决了研究会的经费缺额，还余下了6000余元作为以后学会的活动经费。研究会挂靠到解放军医学图书馆的4年间，在陈界教授的努力下，解放军医学图书馆在人力、物力、财力等方面都对研究会给予有力支持，所收的会费一分钱未动，

简 介

陈界，1936年12月生，湖南永州人，中共党员，教授，硕士研究生导师。1963年毕业于北京大学图书馆学系，同年到军事医学科学院从事图书情报、科研管理、研究生教学、杂志编辑等工作，先后任该院图书馆副馆长，情报研究所学术委员会副主任，情报学教研室副主任，总后勤部高级职称评委。曾任中国图书馆学理事，中央国家机关和科研系统图书馆学会理事兼学术委员会主任，中国高等医药院校图书研究会副馆协会委员，全国医学文献检索教学理事长兼秘书长、顾问等职。此外，曾任《医学图书馆通讯》杂志主编，《医学情报工作》杂志副主任委员和其他三种杂志的编委。

20 Glorious Achievements for Twenty Years

日常的开支由该馆消化，并为两次常务理事会和两次全国学术研讨会换届会资助经费12000元。

陈界教授提出：要节约每一分钱，为了我们医学文献检索教研会的发展，要保持研究会有一个良好的会风，好好开会，认真开会，要使每个与会者在学术上有所收益。1991年，陈界教授负责创办了《医学图书馆通讯》，特地为“医学文献检索及教学”开辟了一个栏目。他对研究会怀有深厚的感情，退休后，作为研究会的特聘顾问，仍然关心和支持研究会的各项工作。每次研究会开会，他都应邀参加，并积极为研究会的发展建言献策。

已是73岁高龄的陈界教授，对研究会的热情丝毫未减，心中的愿望只有一个：希望研究会越办越好，希望我国的医学文献检索教学事业愈加兴旺！

人生感言

老老实实地做人，踏踏实实地工作，看准了的事下定决心，不怕困难，排除干扰，坚持做下去，一定能成功。

八、中文参考工具书

陈界的传记资料被国内约30余种参考工具书和传记资料收录。由于这些收录的资料一般都大同小异，这里只收录中国科学文化出版社2016年出版的《中国离退休干部风采》第42页收录的传记资料，其他从略。

经典传记丛书　立德 立功 立言

陈界　研究员，男，1936年12月出生，湖南永州人。中共党员，1963年毕业于北京大学图书馆学系，现任职于解放军医学图书馆。曾任军事医学科学院图书馆副馆长、该院高级职称评委、情报学教研室副主任、研究生导师、情报所学术委员会副主任、解放军医学图书馆负责人及学术委员会主任、《医学图书馆通讯》杂志主编、总后勤部高级职称评委、国防科技情报学会文献专业委员会委员、全军医学情报网文献专业组组长、中国图书馆学会理事、中央国家机关和科研系统图书馆学会理事兼学术委员会副主任、全国医学文检教研会副理事长、顾问、顾问团团长、《医学情报工作》杂志副主任委员、《国防科技情报工作》、《解放军医学情报》、《医院图书馆杂志》杂志编委等。

主要贡献： 1963-1989年在军事医学科学院从事图书情报、科研管理、教学工作；1990年至今在解放军医学图书馆从事图书情报研究、教学、杂志编辑工作。在图书馆学、情报学、文献学、医学信息检索学等方面有较深入的研究，其中《军事医学情报网西文期刊联合目录》获军队科技进步三等奖，《医学文献检索》获优秀著作和优秀教材奖；代表性著作《全军生物医学外文期刊联合目录》、《医学信息检索与利用》、《新编文献学》、《医学图书馆理论与实践》、《图书馆知识管理理论与实践》、《医学图书馆学》《阅读疗法理论与实践》、《医学信息检索学》约900万字均出版，其中《医学信息检索与利用》自1998年出版以后至2004年先后出版了第二、第三版，共印刷20余次，达近20万册，被90来个单位作为教材，前后三版均被评为全国医学文献检索教学研究会优秀教材，在国内产生了较大影响；出版译著《未来的战争》；创办并主编《医学图书馆通讯》杂志，现改名为《中华医学图书情报杂志》；参编包括《中国大百科全书》、《中国图书馆建筑集锦》、《中国图书情报机构名录大全》、《军队医院管理学》、《中华皮肤性病学博览》等在内的图书20余部；发表论文、译文150余篇，其中有9篇获国家级优秀论文奖，《充分发挥图书馆的情报职能，做好情报服务》获1989年中央国家机关和科研系统图书馆学会优秀论文一等奖；《论现代化图书馆建筑的特点》获1994年全军图书档案优秀论文一等奖；为4个单位审稿或主审专著5部。为军事医学科学院硕士研究生开设了医学文献检索和文献学两门课程；培养了4名情报学硕士研究生；主办了为期一年的全军医学图书资料干部进修班和为期二年的医学图书馆学专业班，并主讲3门课程；被邀到70多个单位去讲学；创建了全国医学文献检索教学研究会并使其各项工作向前发展，在该研究会成立20周年庆典大会上被誉为“德技双馨，业界楷模”；负责筹建了我军最大国内一流的现代化的医学图书馆——解放军医学图书馆。现正在从事《新编文献学》一书的第二版的修订，约80万字，于2016年5月正式出版发行。其小传被英国剑桥国际传记中心出版的《国际名人大辞典》第19版收录，并被国内20余种参考工具书收录，其事迹先后被《科技日报》、《健康报》、《医院图书馆杂志》、《图书馆》杂志等报道。

42　绘人生精彩　huirenshengjingcai

九、外文参考工具书

英国剑桥国际传记中心 1995 年出版的《国际名人大辞典》第 23 卷第 76 页收录了陈界的传记资料。

Professor Jie Chen

for

DISTINGUISHED SERVICE

which is the subject of notice in volume XXIII of the

DICTIONARY OF INTERNATIONAL BIOGRAPHY

CHEN Jie, b. 24 Dec 1936, Yungchow City, Hunan Province, China. Research Librarian (Professor). m. 20 Aug 1962, 1 s, 2 d. *Education:* Graduated, Dept Lib Science, Beijing Univ, 1963; Adv course in Engl, Shanghai Jiaotong Univ, 1964-65; Med Lit Retrieval, Nanjing Med Coll, 1983. *Appointments:* Rsch Libn, 1963-90, Vice-Dir, 1975-90, Lib Acad Mil Med Science, People's Liberation Army; Interim Dir, Med Lib, People's Liberation Army, 1990; Chief Ed, Communication of Medical Library, 1991. *Publications:* More than 70 articles; Chief Ed: The Union List of Western Language Periodicals of the Military Medical Information Net; The Union List of Foreign Biological and Medical Journals in the Army; Medical Literature Retrieval; Ed: China Encyclopedia; Dictionary of Library and Information Science. *Memberships:* Dir, Libs Soc China; Dir, Libs Soc

Ctrl Nat Bodies and Scientific Rsch System, Vice-Chief Acad Comm; Vice Bd Dirs, Nat Med Lit Retrieval Tchng and Rsch Soc China; Accession Comm Mbr of Higher Profl Title, Mil Rear-Serv Dept and Med Books and Ref Materials, Gen Logistics Dept; Vice Chief Mbr, Ed Staff, Medical Information Work. *Honours:* 3rd Prize of Scientific and Tech Progress in Army as Chief Ed of The Union List of Western Language Periodicals of the Military Medical Information Net, 1988; Excellent Works Prize as Chief Ed of Medical Literature Retrieval, Lib Soc China, 1989; Lib Soc Prizes for 5 articles, 1983-92. *Hobbies:* Singing, especially folk songs; Beijing Opera; Huangmei Opera. *Address:* Medical Library of Chinese PLA, 39th Post Office, 5th Feng Tai Road, Beijing, China.

Tai Road, Beijing, China.

附录二　战友寄深情，亲朋书厚意

2015年我写了《从乞丐到研究生导师——八十岁月印记》（长篇传记诗）送给我的部分战友、亲朋和同学征求意见，现将反馈信息收录如后，其中有的对我所做的一些事情评价高了些，事实上我做得并没有那样好。特此说明。

一

读陈界老教授《从乞丐到研究生导师——八十岁月印记》有感

湛佑祥[1]

（一）

传记长诗叙真情，命运紧随社会变，
寒门得益多读书，进入军营献终身。

（二）

入馆任职十余年，识得真才老先生，
古稀之年委重任，图书情报有新篇。

① 湛佑祥，原中国人民解放军医学图书馆馆长兼党委书记。

（三）

吾已人生近黄昏，平安降落享晚年，
回首往事何难忘？谢党谢军谢先生！

2016 年 1 月 26 日

二

读陈老《从乞丐到研究生导师——八十岁月印记》所感

盖起刚[①]

欣读陈老传记诗，
感其一生苦与荣。
少年志行最重要，
承恩心怀不放松。

慎独成就学界名，
弟子贤才为股肱。
老壮担当为更烈，
笑看百年满堂鸿。

2016 年 2 月 1 日

① 盖起刚，研究馆员，中国人民解放军医学图书馆副馆长，大校军衔。

三

感人至深　催人奋进
——读陈界老师《从乞丐到研究生导师——八十岁月印记》所想到的

郁长祥①

1975年初，陈老师从军事医学科学院科技部重新回到图书馆工作，并协助吴尔中馆长主持图书馆工作。他夜以继日地工作，拨乱反正，扫除"文革"阴霾，使图书馆尽快步入正轨。1978年9月，我从北京军区野战部队考入军事医学科学院，参加陈老师组织讲授的医学图书情报培训班，我和其他9位同学成为他的学生。陈老师精心组织，统筹规划，认真备课，严谨教学。我们接受了两年多的系统培训，打下了牢靠的理论基础，后来成为图书馆的骨干力量。陈老师的教育使我受益终身。他为人师表，以身作则，严格要求，关心每个学生的进步。陈老师是文献检索的著名学者专家，他指导许多同事发表文章和演讲。我发表的许多文章，都经过陈老师的精心修改和指导。陈老师作为领导，讲原则，办事公正，赏罚分明，严于律己，不计个人得失，带领全馆完成工作任务。他为人正派，平易近人，团结同志，爱护部下，是晚辈学习的典范。作为长者，他和师母把我们当作自己的孩子，教我们怎样做人，怎样处理恋爱婚姻关系，还请学生们到他家里吃饭，喝茅台酒，使学生们备感幸福亲切。现在我也退休了，我还是感到

① 郁长祥，研究馆员，原中国人民解放军医学图书馆资源建设部副主任，师级退休干部。

陈老师和师母对我的挂念，谢谢老师和师母！

今年，陈老师八十寿辰，我衷心祝福陈老师身体健康，阖家幸福！

2016年4月

四

为活百岁奋斗

廖应昌[1]

陈教授：

传记诗写得很好，全面反映了你的一生奋斗精神，可敬，值得学习。提点参考意见：

一、大标题：从乞丐到教授

二、小标题：

1. 苦难——童年、少年
2. 艰苦——求学路
3. 诚恳踏实——为军事医学图书情报事业做出贡献
4. 发挥余热——退休后继续做贡献
5. 幸福晚年——为活百岁奋斗

2016年5月

① 廖应昌，研究员，军事医学科学院情报研究所情报研究专家，研究生导师。

五

贺尊敬的陈老师八十大寿

钱 军[1]

陈老师是我的硕士导师，恩重如山！

前不久，尊敬的陈老师给我寄来了他的回忆录，是一首6000字的长诗。80岁的陈老师经历了旧、新两个世界，从饱受磨难的放牛娃、老板娘的小佣人，到新中国成立后扬眉吐气的中学生；在组织的关心培养下，陈老师经过艰辛努力，以优异的成绩考入北京大学；经过部队大熔炉的淬炼，他成为全军著名专家。

陈老师的五大贡献业内闻名！

他参与创建了一个国内一流的图书馆：解放军医学图书馆；为创立医学文献检索学发挥了重要的作用；创建了全国医学文献检索教学研究会；创办了《医学图书馆通讯》，后改名《中华医学图书情报杂志》，为科技核心期刊，国内外发行；创作了一系列医学图书馆学和文献学开山之作。

我想，称陈老师为医学图书馆学界的领头羊并不为过。

一转眼，师从陈老师已有24年。1992年9月，我在同济医科大学读五年级。一天，系辅导员通知我：好好准备，有一个免试推荐上中国人民解放军军事医学科学院读研究生的机会。

有读研究生的机会，好激动！

随后了解到的两个情况让我打起了退堂鼓：一是不仅需要校内PK，还需与湖南医科大学、白求恩医科大学、中国医科大学竞

① 钱军，研究员，北京大学生命安全专业博士后，军事医学科学院军事第11研究所所长，博士生导师。

争;更重要的是导师竟然是全国医学图书馆界很有名的陈界研究馆员。

压力山大!我决定去趟北京。在一个秋高气爽的早晨,我第一次见到了陈老师。老师个子不高,睿智儒雅。他在了解了我的基本情况后,讲起了他自己,从小时放牛、上学,最后考上北京大学图书馆学系……一谈到对图书、对情报的理解与追求时,陈老师的额头放亮,眼睛也放光。也就是在那一刻,我心里暗下决心,无论千辛万苦,一定要跟上这个好老师。

陈老师在嘱我认真复习备考的同时,也给我派了个艰巨的任务:做一个本科科研课题并争取发表一篇论文。

"科研""论文",那么遥不可及的术语一下子落到我的现实学习中。在陈老师和系里汪宜丽老师的悉心指导下,我开始专注于医学专利文献的利用。一年后,《论医学专利文献的检索与利用》在中文核心期刊上发表了。

它像一粒种子!如今,我已发表了100余篇论文,2015年,还在世界最好期刊之一*Nature*(《自然》)上发表了研究论文,其影响因子已高达41分。

感谢引路人!在北京太平路27号院和48号院,我在这里度过了研究生3年的求学时光。老师要求我深入调研、独立思考,着重在思维和方法上教我、带我;老师要求我广泛涉猎、敢于创新,着重在打基础和勇于开拓上培我、育我;老师要求我以诚待人,珍惜眼前,着重在世界观和塑人品上磨我、励我。这让我工作后能较快适应岗位要求。

感谢老师!1994年冬季,陈老师经过一番深思熟虑后,把我送到广州第一军医大学学习实践了一个多月,让我亲身感受到了改革开放之风。这一个多月,我还去了中山医科大学、广州军区卫生部、广州军区广州总医院、广州军区军事医学研究所学习考察，收获非常大。让我兴奋的是，如果把图书情报的方法用于科研、医疗或管理，一定是个不错的选择。1996年临毕业之际，陈老师把我推荐到了院科技部从事科研与管理工作。

这是一个新的挑战！工作刚开始倒也顺利，半年后，作为一名到机关工作的应届毕业研究生，我开始为每天烦琐的程序、繁缛的公文、繁杂的事务而烦恼，进而后悔选择到机关工作。这时，陈老师亲自来我办公室看我，讲起他在院计划处的六年时光，讲起他放下身段，深入一线调研，能够参与撰写全军医学科研领域的总结和规划。希望我不要轻视机关工作。

一晃多年过去了，我也成了研究员，成了老师——硕士生导师、博士生导师。当我远赴西非执行抗击埃博拉任务时，陈老师打来电话叮嘱我要分外小心；当我拿到军队科技进步一等奖时，当我荣立二等功时，陈老师打来电话，希望我戒骄戒躁！当我被任命为军事兽医研究所所长时，陈老师打来电话，告诫我要如履薄冰地工作！

这就是我的导师——陈界研究馆员。

在老师八十大寿之际，祝老师：福如东海，寿比南山！

2016年6月15日于长春

六

勤奋学习，成为国内知名专家

李健康[①]

陈老教授：您好！

您的长篇诗作我反复拜读了几遍，收益良多。读完诗作，对老兄有了更加全面而深入的了解。诗作完全清楚地叙述了您从幼小成长、勤奋学习到成为国内知名专家的完整过程，达到了您做成长诗的目的。感想很多，不能一一细说。

我还是侧重对怎样把您的自传写得更好，谈一点极不成熟的看法，仅供您在修改时参考。

1. 我在您的长诗结尾处看到，您立意以此诗作为传记的提纲，我觉得完全可以，非常好。

2. 长诗达到了清楚地叙述自己一生的目的，但缺少一些必要的升华句，总有一种不足感，总觉得有点太平淡。

3. 建议您删去长诗标题前冠的"七律"二字，也就是说我建议不要写成律诗，而是写成自由体诗比较好。理由：A. 写格律诗，无论是正格还是变格，都必须在韵脚、声调、对仗、孤平或三平脚方面做到严谨不出错、不犯忌，而这么长的诗很难做到；B. 写这么长的格律诗，是一个浩大的工程，太过于辛苦、伤神，我觉得没必要；C. 写成现代自由体诗，没人会用格律诗的规矩去评读，来去自由，轻松自便。

以上几点，只是妄言，仅供您在修改时参考。出言不当之处，还请老兄海涵。

2016 年 5 月 3 日

---

① 李健康，教授，原第一军医大学图书馆馆长，全国医学文献检索教研会副理事长。

七

丰富的人生阅历，一定会写好你的自传

肖自力[①]

陈界：

看了你的长篇传记诗，很感动，很钦佩，也很欣羡，也许是同样从农村出来，有相同和近似经历，容易起共鸣吧！由于现在的诗近于顺口溜，一般人看会觉得平淡，你计划写成书，我相信成书之后，肯定会精彩很多。尊嘱提几点参考建议：

1. 用散文的方式，而不用传记的严格时间顺序。一般政治人物传记都是严格按时间顺序的，因为所有事件都与当时政治形势关联。但这样做必然把一件件的事，分成了碎片，看起来不连贯。普通人没有必要那么写，可以用散文的方式，大抵按时间顺序，在叙述某一事件时，又可以相对集中，容易表达感情，描写故事，使人看得更顺利，又受到启发。

2. 不妨多分些题目，比如20个左右，每个题目万字左右，当一个个的作文题完成，比如"母亲"就可以做一个专题，把她为培养你而经受的艰难辛苦、她的慈爱、她的坚持毅力，及其对你的激励，以及你的感激、感恩等集中起来，会成为感人的文章。

3. 建议将自己的努力，和老师亲友的帮助及时代发展所提供的机遇、机会结合起来，是这一切共同促成了一个人的成长与发展。

4. 建议增加一些个人的人生感悟，这样可以让人感觉到自传的深度，而不仅仅是一些事情的堆积。

① 肖自力，研究员，大学同班同学，原国家计划生育委员会人口中心主任（正局级）。

相信你的丰富人生阅历，一定会写好你的自传，一定会使你的自传精彩生辉，让人喜欢阅读并受到教育。我所说的是根据你的要求，提了些一般的参考意见。

因为有事，写写停停，很凌乱，希见谅。

现有“忆五九级北大图书馆学系学习情境”送上：家园情怀书生梦，风云时代赤子心；疾步燕园求博雅，漫循溪水探未名。库建房山迎日月，场修五四汗衣襟；最喜勺园种萝卜，嚼来味胜珍果馨。

2016年3月

八

勤勤恳恳为军事医学科研服务

莫作钦[1]

陈界学兄：

我认真读了学兄的《从乞丐到研究生导师——八十岁月印记》长诗。从诗的字里行间，看到了学兄在漫漫的人生路上，历经坎坷艰苦奋斗的一生，以及勤勤恳恳为军事医学科研服务的光辉的一生。全诗坚持七言，以诗的语言系统和全面地叙述了自己的历史。史实清楚，语言纯朴。诗中表现出作者为人处世的高尚情操。诗文叙述有情有义，充满着感恩之心：对社会、对国家、对党及对自己的妻子都充满着感恩之情。

读长诗深受教育，诗文很励志。诗文中表现出学兄老骥伏枥志在千里，工作中退而不休，对未来充满希望和理想。不惧黄昏“挺起胸膛莫泄气，昂首阔步往前跑”“八十还要往前奔，持续努力

① 莫作钦，研究员，大学同班同学，原中国社会科学院文献情报研究中心主任。

大胆走，莫言老了万事休”“展望未来前景美，心潮澎湃自奋蹄”。

如果有时间进一步修改，建议从以下两方面重点进行：

1. 押韵。有的诗句不押韵。写诗不论长短都必须押韵。你重读一遍，检查韵律认真进行修改。

2. 提高语言的诗意。使语言简洁精练。句子中少用“这是”“也”等。如，第7页，“也”字重复好多个。诗与讲话不同。将诗中通俗的语言改为诗词语言。每句都一一检查一一提炼。以上意见仅供参考。

2016年3月

九

勤奋　热情　朴素

——陈界同志给我的印象

关相南[①]

我和陈界同志是20世纪80年代初在北京军事医学科学院图书馆相识的。当时是我从北京大学图书馆学系进修结束准备返湘前夕。我的好朋友、医学图书馆界的老前辈、中国医科大学图书馆馆长熊第志同志引荐我同陈界同志认识。第一次见面陈界同志就给我留下深刻印象：勤奋、热情、朴素。他从一个农村贫困青少年考进北京大学，就是他勤奋的成果。我们相会时，他立即给我们招待茶水，很热情。他是北大图书馆学系毕业的，所以我们交谈图书馆的问题时没有一点拘束，很融洽。当时谈到如何

① 关相南，教授，原湖南医科大学图书馆馆长、医学图书情报学系主任。

解决医学图书馆专业人才队伍匮乏问题时，我和熊第志馆长提出要自力更生，要在条件较好的医学院校图书馆创办医学图书馆学系，这样可源源不断培养既懂图书馆管理又掌握医学知识的专业人才，比综合性大学培养的图书馆学系毕业生更实用。陈界同志当即表示支持中国医科大学和湖南医科大学（今中南大学湘雅医学院）两所大学首先创办医学图书馆学系（后改为医学情报系或医学信息系）。白求恩医科大学图书馆和同济医科大学（今华中科技大学同济医学院）图书馆领导也同意这一看法，并立即筹建建系班子。不久，中国医科大学、白求恩医科大学、湖南医科大学、同济医科大学创办医学图书馆学系的报告获国家卫生部高教处批准并正式面向全国招生。这是图书馆学教育开创性的一件大事，得到了国内外图书馆学专家的称赞和肯定。

1985 年，全国医药院校图书馆会议在长沙召开，决定成立中国高等医药院校图书馆协会，并推举吴子钧、熊第志和我为副主任委员（协和医科大学馆长为主任委员），医学图书情报服务组长由我兼任。陈界同志作为军事医学科学院图书馆的代表被邀参加了长沙会议。从此在每年召开的年会上我们几乎都有机会见面，一同出席会议。在会上，他对中国高等医药院校图书馆协会的工作提出了不少宝贵意见，并承担了医学文献检索教学研究会的筹建和组织工作，积极主编《医学文献检索》教材，前后共出五版，印数达 20 多万册；还编写出版了《文献学》教材，这是一个巨大的工程，耗费了他大量时间和精力。

陈界同志生活朴素。他兼任社会职务较多，又是解放军医学图书馆馆长，但到外地出差时，能节约就节约，不住豪华高级大酒店，有公交车就不“打的”，穿的、吃的都很简单，始终保持劳动人民本色。

陈界同志既注意原则又热心帮助别人。我们馆里有个同志出差北京，托他帮助购买回长沙的车票，他当即答应并帮助买了火车票，使那位同志按时返回长沙。他没有一点架子。

2016 年 5 月 8 日

十

苦难根已绝，盛世满堂荣

蒋华轩[1]

陈界侄婿：

"传记诗"我阅读数遍，认为很好，实感动人。语言清晰，浅显易懂，乃工农大众之语言，使人易懂易记。真显少年立志，老年心狂，壮志雄风，体健身强。一生业绩非凡，硕果辉煌。有志者事竟成，这是你的真实体现，励志勤求、刻苦攻读，成为德才兼备、博学多能、国家栋梁之材，可称可赞！你知恩图报，党恩、国恩、师恩、父母之恩铭记不忘，是党和国家的优秀儿子，家之孝儿！可说是德高行尚，贤才彦秀，卓识致远，后代人们的榜样！你昔日童年、少年苦难折磨，我极感哀叹流泪、实感同情；今朝苦难根已绝，盛世满堂荣，喜之又喜！仁山不老千年树，智水长流百岁人，祝你与重姣年超百岁，寿逾百年，全家幸福！

至于诗词，我是门外汉，写的诗也不合要求，直言口号式的。近代格律诗，不论是五言、七言、排律、长律，都是有平仄、音韵和格律的。你写的诗有平仄、音韵，就是没有一定的格律。我的意见将标题添几个字，改为"长篇七言新诗"或"长篇传记七言新诗"。是否可以，请考虑！

2015 年 12 月 4 日

① 蒋华轩，我的岳叔，湖南永州市电影管理站退休干部。

十一

衷心祝愿健康幸福

邓君斌[1]

陈教授：

对传记诗我反复阅读了数次，感受很深。特别是写到重姣同学“妻子伴我到终生，我的成绩她半分，一九八九她退休，家务重担挑在肩”。我不是夸她，我们在学习班一直到水库工作三年间，在女同学中她是最优秀的，特别是对陈界教授那颗忠贞的心，也是最难得的。我们知道她的男朋友叫陈界，她平时不与其他男同志开玩笑，工作认真负责，作风正派。结婚后生了小孩，在地方工作要带小孩，操劳家务更辛苦，更是“重担挑在肩”。在前进的道路上，重姣同学给了教授无可估量的力量，也是教授的一个好后勤部长。另一方面在诗中突出了一个“孝”字，母亲去世后的悲伤哭诉，实为感人。传记诗给后人留下很多精神财富，给读者指明了做人和学习的道路，是一部难得的人生教科书。最后，祝愿你俩身体健康，万事如意，全家幸福！

2016年2月18日

① 邓君斌，老伴的同学，我们的好友，湖南双牌县医药公司总经理。

十二

追求卓越　无私奉献

王　伟[①]

陈教授好！

利用周末我认真拜读了大作，您八十年的风雨历程，您对人生的感悟和积极、乐观地对待工作和生活的态度，特别是您所取得的辉煌业绩令我肃然起敬，钦佩不已。如果要我品评一下的话，可以用六个字来概括，不知道是否准确：有血、有肉、有情。

您在字里行间充满了对国家和民族的爱，充满了对父母和家庭的情，充满了对工作和同行们的敬——此为“有血”。

通过七言诗句，把您一生的经历如珍珠般穿连了起来，每一个点都可以展开为一个故事，反映了您年少时期的苦难，新中国成立后您求学的心路历程，从军后对军事医学图情事业数十年的奉献与贡献，退休后老有所为、笔耕不断的人生追求和思想境界，以及笑看人生、积极乐观的百岁奋斗目标，如果写成自传，这些情节跨越时代，可谓是“有肉”。

从您经历的过去那些苦难岁月，从国家和民族的角度，您的诗句充满了对党和国家的感恩；从您经历过的家庭磨难变迁的角度，您的诗句蕴涵着对母亲离别和家人深厚的情感；从您对待同事和同行以及工作和事业的角度，更能体现出您的人生观和价值观，那就是追求卓越和无私奉献，特别是后者，恰恰是现在的青年一代所欠缺的东西，这种“情”的表达是有深刻的教育意义的，也是充满了正能量的。

① 王伟，教授，吉林大学医学信息学系主任，博士生导师。

总之，传记诗，记录了您的一生；字里行间，体现出您的情感。希望您的自传能早日面世，期待馈赠学习。

祝您健康、长寿！

2016 年 4 月 22 日

十三

高山仰止，景行行止

杨克虎[1]

一口气读完陈老的长篇传记诗，深受感染和感动。苦难的成长，艰辛的求学，北大的翘楚，医学图书情报领域的先进，古稀之年笔耕不辍，耄耋之年雄心不减……内心溢满了对陈老高山仰止、景行行止的崇敬。

记得第一次认识陈老是 1984 年的 11 月，学校派我赴北京军事医学科学院图书馆和中国医科大学图书馆送审我的老师朱允尧教授职称晋升的材料。陈老和蔼可亲，对我这个小字辈热情接待，周到安排，居中协调联络，很快办好了相关的评审手续，给我留下了深刻影响。30 多年来，陈老为我国医学文献检索的教学研究工作殚精竭虑，倾注了大量心血；在医学文献学、医学图书馆学研究领域著作等身，成就卓著；他一直关心爱护帮助青年人的成长，甘为人梯，奖掖后学，是我们的人生楷模。

1989 年，为进一步推进我国医学文献检索课教学的发展，陈

---

① 杨克虎，教授，兰州大学循证医学中心主任、博士生导师，全国医学文献检索教学研究会名誉理事长。

老给中国医科大学熊第志馆长、第二军医大学叶铭馆长、南京医学院吴观国馆长、第四军医大学左才杰馆长、兰州医学院朱允尧馆长等15位国内医学文献检索的专家亲笔写信，倡议成立全国医学文献检索教学研究会，得到大家积极响应。在陈老的组织筹备下，1990年10月全国医学文献检索教学研究会在同济医科大学正式成立。陈老任第一届副理事长、第二届副理事长兼秘书长期间，从研究会的组织工作到经费筹措，从学术研讨、教学观摩、教材编写、讲课比赛到大量的日常工作，陈老无不亲力亲为。退出教研会的领导岗位以后，陈老一直心系教研会的发展。2009年5月，为筹备教研会成立20周年庆典活动，在兰州召开常务理事扩大会议，陈老以73岁高龄亲临指导，为教研会的发展出谋划策。会后赴河西走廊考察途中，陈老仍念念不忘教研会成立20年庆贺的事，在鸣沙山巅，月牙泉旁，莫高窟前，阳关道上，嘉峪雄关，沙州酒泉……一路都在与我们交流和探讨怎样发展教研会，如何筹办好教研会成立20周年的系列活动，如何更好地发挥会员单位的作用，鼓励和培养年轻人勇挑重担，为教研会的发展做贡献……特别让我感动的是，2014年教研会第十三次学术研讨会及换届会议在江苏镇江召开，我从副理事长的职位上退下来，被聘为教研会的名誉理事长。会议刚刚结束，就接到陈老的祝贺短信，说明他时时刻刻关注着教研会的工作，心里总是惦记着后学的进步与成长。

陈老把毕生精力奉献给了自己挚爱的事业，不论是医学图书馆理论与实践、医学文献学研究，还是科研管理和研究生培养，都取得了骄人的成就。创办我国第一本医学图书馆杂志《医学图书馆通讯》(后更名为《中华医学图书情报杂志》)，为医学图书情报的发展开辟了一方沃土，搭建了学术交流的平台。特别是进入古稀之年仍笔耕不辍，皇皇巨著不断问世，2007年领衔主编的140

多万字的《医学图书馆理论与实践》出版;2009 年 53 万字的《医学图书馆学》出版;2011 年 50 多万字的《阅读疗法理论与实践》出版;2014 年 70 多万字的《医学信息检索学》出版;2016 年 87 万字的《新编文献学》第二版付梓。这些专著既有对我国医学图书情报事业发展的实践总结和经验体会,又有理论上的探索和创新,为我们留下了宝贵的财富。

今天,已经迈入耄耋之年的陈老壮心不已,“莫道古稀就止步,八十还要往前奔,展望未来前景美,目标百岁自奋蹄”,展现了陈老老骥伏枥、志在千里的情怀,我们衷心祝愿陈老阅尽沧桑仍豪情满怀,百岁相约享喜乐年华!

2016 年 6 月 10 日

十四

开拓者·学者·长者

——我所敬仰的陈老

王建林[①]

我和陈老相识于 1994 年 5 月在贵阳医学院召开的全国医学文献检索教学研究会第二次会员代表大会暨教学观摩会。此后通过向《医学图书馆通讯》投稿、合作编写教材和专著有了密切来往和深入了解。当时我们的主要联系方式是通信。我一直珍藏着陈老的来信,最近整理了一下,共 38 封。最早、最晚的一封分别是 1995 年 1 月 23 日、2013 年 12 月 25 日。通信最多的是 1996

① 王建林,教授,牡丹江医学院办公室主任,博士。

年10封，其次是1997年9封。在主要靠网络和电话沟通信息和感情的今天，看着一封封字迹认真、工整的书信，感到很亲切、很温馨。

陈老对医学图书情报事业非常热爱和专注，投入了大量心血，感情很深。退休后仍继续为医学图书情报事业奋斗不已，这是很高的境界，普通人难以做到。

陈老对医学图书情报事业的热爱具有典型的学者风范，他为“文革”期间医学图书情报事业的停滞感到遗憾。陈老在1996年1月26日给我的信中写道：我们本应可以多做点事，但是由于我们一生的黄金时期1966—1976年白白过去了，现在要多做点也力不从心、无可奈何了。

在我眼中，陈老是医学图书情报事业的开拓者，谦和、认真的学者，奖掖后学的长者。这样评价陈老丝毫不为过。

一、医学图书情报事业的开拓者

陈老从北京大学图书馆学专业本科毕业后分配到军事医学科学院图书馆，开始了他多年如一日为医学图书情报事业辛勤耕耘的历程。工作中，他完成了一系列开拓性任务。

一是招收培养医学图书馆管理方向的硕士研究生。当时全国没有图书馆学博士点，硕士点也不多，而医学图书馆方向的硕士生导师只有陈老和中国医科大学的熊弟志教授。这体现了陈老在医学图书馆界的权威学术地位。

二是创办《医学图书馆通讯》(现更名为《中华医学图书情报杂志》)。陈老创办并担任首任主编的《医学图书馆通讯》是医学图书馆界第一种专业期刊，既为医学图书馆界同仁提供了发表学术成果的园地，又提高了医学图书馆界的学术地位和影响力。

三是成立全国医学文献检索教学研究会。由陈老倡议成立的全国医学文献检索教学研究会，作为全国医学文献检索课教师交流经验、探讨业务的学术组织，定期开展活动，为提高医学文献检索课教学水平做出了重要贡献，也提升了医学文献检索课的课程地位。

二、谦和、认真的学者

陈老待人很谦和，没有架子，丝毫看不出是毕业于北京大学的医学图书馆界学术权威。在全国医学文献检索教学研究会第二次会员代表大会暨教学观摩会期间，我曾与陈老同桌就餐。他微笑着用湖南口音的最简单的开场白“干！”宣布开餐，一下子打消了像我这样的年轻教师的紧张情绪，让我们感到非常亲切、随和。

陈老的谦和还体现在日常生活和工作的方方面面。1994 年 4 月邀请我馆馆长和我参加全国医学文献检索教学研究会第二次会员代表大会暨教学观摩会的信封就是陈老亲自书写的，这完全可以由年轻人去做。陈老给我写信信封上的称呼依次为同志、老师、教授、主任，信的正文中经常使用匆此奉复、竭诚奉达、敬颂公祺等具有中国传统特点的敬语，以他的身份和年龄，完全可以信封只写姓名、正文不用敬语。

陈老对支持他工作的朋友怀有感恩之心。在 2013 年 12 月 25 日给我的信中，他写道：我能为图书情报事业做点事情，没有你们这些朋友的支持和帮助是不成的，所以我要衷心感谢您。

陈老对工作非常认真。我受邀参编了陈老主编的《医学信息检索与利用》第二版，他 1996 年 10 月 13 日给我的信中说：“从我与你的多次通信、对你的几篇论文的水平来看，我对你文检教学的能力和水平是很满意的，所以我才特地邀你参编我这本书。没有我对你的了解和认识，我是不能邀你参编的。”2005 年 10 月，我邀请陈老来牡丹江医学院讲学。陈老多次与我们交流讲座选题，认真准备讲稿，了解学生情况。讲座开始的前一天晚上，他就到教室写好板书，避免讲座时耽误时间。由于学校条件有限，我们觉得接待得不够好，但陈老一再对我们的服务表示感谢。

三、奖掖后学的长者

陈老对医学图书情报界的年轻人寄予厚望，鼓励他们，并积极创造条件，全力支持年轻人成长、成才。这方面我有很深的体会。

1995年，我想报考陈老的硕士研究生并去信咨询。1995年1月23日，陈老回信答复：因工作忙，近两年不再招收研究生。同时推荐我报考北京大学、武汉大学，希望我继续努力，“我们医学图书情报界需要成千上万有作为并为此贡献出毕生精力的人，希望寄托在你这样人的身上”。陈老在1996年7月24日给我的信中鼓励我：“我为我们医学图书情报界有你这样积极向上的年轻人而感到高兴和骄傲，你才29岁，将来肯定比我们这一代人要好。”

1997年4月我将《医学信息检索与利用》第二版的“信息调研”一章书稿寄给陈老。1997年5月30日陈老回信，赞扬我的书稿：“您的文章我认真读了一遍，很受教益。我认为写得很好，有新意，使我感到‘后生可畏’，我诚恳希望您能比我们强，而且我相信，你们这一代一定会超过我们，青出于蓝而胜于蓝。”陈老又在1998年1月22日给我的信中提到：您为该书副主编之一，您的“信息调研”这一章写的我是很满意的，您在本书编写者中算是年轻的老师之一，能写成这样，是出乎我之意料的。

能够得到德高望重的医学图书馆界权威专家的鼓励和赞扬，我非常珍惜。这也成为我想在医学图书馆界有所作为的精神动力。

1998年7月，因学校干部聘任改革，学校办公室急缺文字材料人员，我从图书馆普通馆员直接聘任为学校办公室秘书科科长。但我始终想回到图书馆搞专业，也多次在与陈老的通信中表达这一想法。陈老对我的想法给予肯定。1999 年 6 月 18 日给我的信中说："您仍不忘专业，想回图书馆，实为难得，我为医学图书情报战线有您这样的同仁和后起之秀而感到骄傲。"同时，也鼓励我在新的岗位努力工作。2001 年 2 月 14 日，陈老在信中写道："我既为您离开图书情报而惋惜，又为您走向更重要的岗位而骄傲。"

我从陈老身上深深感受到老一代知识分子的爱国情怀，对事业的忠诚、对工作的奉献、对学术的执着、对名利的淡然，这些品格在今天显得弥足珍贵，非常值得我们学习和效仿。

2016 年 5 月 21 日

十五

忘年之交情似海

——记我的良师益友陈界教授

黄晓鹂[①]

今年 5 月份收到陈界教授给我发过来的《从乞丐到研究生导师——八十岁月印记》长篇传记诗，分为五部分，从苦难童年到新中国成立后的求学，从参军从事军事医学图书情报工作三十四载，到退休后继续为医学情报工作发挥作用。短短的 6000 字，深

---

① 黄晓鹂，教授，河北理工大学图书馆馆长、研究生导师，全国医学文献检索教研会副理事长。

深地打动了我，我读了好几遍，每次都含着泪水读完。通过阅读这篇传记诗使我对陈界教授有了更深刻的了解，也萌发出了写篇小文章的冲动，想用自己的拙笔写写与陈界教授交往的感受，以表达对他的景仰与感激之情。

我记得有句话是这样说的："一生中最走运的是：遇到某个人，他打破你的思维，改变你的习惯，成就你的未来，我们称之为贵人。"陈界教授就是我的贵人。在我从事医学情报工作的30多年里，他给予了我很多的指导与帮助，是我的良师益友，推助我在医学文献检索领域不断奋进——从一名普通的图书馆员到图书馆馆长；从对图书情报工作一无所知的新兵，到情报学教授、硕士生导师。回顾自己所走过的路程，我要深深地道一声：谢谢您，陈界教授！

一、德技双馨，业界楷模

在医学文献检索领域，人们对陈界教授的评价是：德技双馨，业界楷模。

全国医学文献检索教学研究会是医学文献检索教学人员学习、交流的平台，成立20多年来，为我国医学文献检索教学的发展做出了巨大贡献。陈界教授是全国医学文献检索教学研究会的发起人，在医学文献检索教学方面有很高的造诣，为我国的医学文献检索教学事业做出了突出贡献。

1989年，陈界教授倡议成立全国医学文献检索教学研究会，得到了同行的热烈响应。作为筹备组的负责人，他负责研究会成立方案的制定工作，在他和筹备组同志的精心运作下，全国医学文献检索教学研究会于1990年10月在武汉同济医科大学正式成立，并成功地召开了"全国医学文献检索教学研究会成立大会暨第一次学术研讨会"，在这次会议上，他当选为研究会副理事长。从此,我国的医学文献检索教学进入了一个崭新的历史阶段。回顾全国医学文献检索教学研究会成立20多年来,他作为副理事长兼秘书长及退休后作为研究会的顾问,组织、参与的大量活动,推动了我国医学文献检索教学事业不断深入地发展。

陈界教授的人生感言是:"老老实实地做人,踏踏实实地工作,看准了的事下定决心,不怕困难,排除干扰,坚持做下去,一定能成功。"他的这种对事业执着的精神深深地感动了我,从他身上我也学到了很多:工作中的执着,学术中的严谨,帮助人的热情,交往中的谦和。

二、前辈相携,结缘文检

我与陈界教授的相识缘于全国医学文献检索教学研究会。

1982年我从华北煤炭医学院毕业留校从事图书情报工作,1983年9月我到大连理工大学举办的高校图书馆干部进修班学习了一年图书情报课程。1984年7月,又到中国医科大学参加了为期一个月的医学文献检索教师培训班的学习。学习结束后,我在负责期刊部工作的同时,着手开设医学文献检索课的有关准备工作。1987年我们为研究生、本科生开设了医学文献检索课程,1990年成立了医学文献检索教研室,我兼任医学文献检索教研室主任。开始教授这门课时,我们在参阅有关文献信息的基础上,结合我院的具体情况,自编了讲义。医学文献检索课在当时的医学院校是一门新兴的课程,在教学内容、教学方法等方面有很多问题需要探讨、解决。

困惑中我们满怀希望地加入到了全国医学文献检索教学研究会这个组织中,多次聆听了陈界教授的讲授,从他那里我们获得了系统的专业知识。在该会学术研讨会上,通过与同仁们的交流,也使我们的视野不断拓宽。回顾在医学文献检索教学领域摸索前行的点点滴滴，离不开陈界教授的指导与帮助。他的指导与帮助不仅限于文献检索教学领域，在学术研究方面，他也是我的良师益友。他引领我和我的团队参加了多部专著的编写，使我们获得了很多锻炼的机会。近年来，我们参加了《医学信息检索学》《阅读疗法理论与实践》《医学图书馆学》及《新编文献学》(第二版)等著作的编写工作。在这些著作的编写过程中，从大纲的确定、每章节的编写直到编辑校对，每一个环节他都亲力亲为，对我和我的团队进行悉心指导，使我们在著作的编写过程中得到了锻炼，学术水平获得了提高。已愈80高龄的他，依然笔耕不辍，激励后学，他那种愈老弥坚、严谨治学、勇攀学术高峰的精神深深地教育、感动了我们，令我们肃然起敬！

我们在认真参加研究会的各项活动的基础上，也积极地为研究会做工作，如承办研究会的学术活动等。2010年，全国医学文献检索教学研究会成立20周年，我与我的教学团队承担了《辉煌二十年(1990—2010)——纪念全国医学文献检索教研会成立20周年》纪念册的整理及编辑出版工作，从纪念册的设计组稿、编写、审核到印刷，大家一起忙了三个月，当看到纪念册编写成功时，我们很有成就感，能为我们的研究会做些工作感到很欣慰。陈界教授在我主编的《医学信息检索与利用》(人民卫生出版社，2009年)的序中是这样评价的："在我国数以百计的医学信息检索教研室中，其中由全国医学文献检索教学研究会副理事长、华北煤炭医学院图书馆馆长黄晓鹂教授领导下的医学信息检索教研室，在教学中坚持不断改革创新，为我国医学信息检索教学事业的繁荣和发展，做出了重要的贡献。"他的评价对于我们来说是一种莫大的鼓励与鞭策。

在他的指导与帮助下，我们的教学工作在全国医学文献检索教学研究会这个平台上得以发展，2007年我校医学文献检索课被评为学校的精品课程，教研室多次被评为全国、省级及校级先进集体。我个人的学术研究也以此为切入点开展起来，发表了多篇研究论文，撰写了教材与专著，1997年晋升为教授。

三、事业相助，永志难忘

1986年我担任了华北煤炭医学院图书馆副馆长，主抓图书馆全面工作。1976年唐山经历了史无前例的大地震，图书馆的建筑也毁于一旦。1977年至1984年，图书馆在简易馆舍中度过了恢复和发展阶段。1984年，由原煤炭部拨款建起的新馆投入使用。启用之初，任务纷繁复杂，工作千头万绪，困难重重，特别是在队伍建设、资源建设上存在很大短板。在资源建设上，尽管原煤炭部给予了很大的资金投入，但是我们还是需要依靠像解放军医学图书馆那样有实力的、距离近的大馆支持。正因为如此，在工作中我与陈界教授（当时任解放军医学图书馆副馆长）就有了很多接触的机会。每当我在工作中遇到问题，请求援助时，他总是给我无私的帮助——从新馆的部门设置到功能布局；从服务项目的开展到图书馆管理；从文献资源的借阅到资料的检索、查新，乃至申请硕士点工作等方面，他都给予了很大帮助。在他的鼎力支持下，我馆文献资源建设进展很快，充分发挥了学校文献信息中心的作用；馆员队伍建设也取得显著成效，一批业务骨干迅速成长起来。陈界教授不仅是我的贵人，他也是我们图书馆乃至我们学校的贵人！

回顾自己所走过的路程，我非常感谢陈界教授：是他引领我进入了医学文献检索领域，在这个领域，我和我的团队努力奋进，收获颇多；是他在图书馆业务上鼎力相助，使得我们这样一个人数不多、规模不大的中型图书馆能够在业界占有一席之地；是陈界教授在学术上的鼓励引导、真帮实带，让我至今仍笔耕不辍，丝毫不敢懈怠……转眼间我也退休了，我要像他那样，跟随自己的心，继续做自己所喜欢做的事情，为自己所钟爱的事业砥砺前行，让自己的生活过得充实而有意义。

衷心祝愿陈界教授身体健康、生活幸福！

2016年8月15日

十六

不用扬鞭自奋蹄
——陈界教授印象

夏　旭[①]

人生七十古来稀，而今迈步入耄耋。陈界教授今年80华诞，给我的印象首先来源于这20多年来与他的相识相处，联合主编多部专著的沟通交流；其次是他的长篇传记诗《从乞丐到研究生导师——八十岁月印记》，从苦难的童年、少年到新中国成立后的求学路，从参军入伍从事军事医学图书情报工作到退休后继续为医学图书情报事业发光发热，以及他对未来的憧憬——展望未来前景美，心潮澎湃自奋蹄；最后是衡阳医学院（今南华大学）图书馆谢群宗馆长的文章“图书情报事业执着的追求者——我所知道的陈界教授”。从与陈老师20多年的交往中特别是近10年联合主编多部专著的活动中，我深切感受到老师给我的印象始终是平易近人，做人低调，行事踏实，雷厉风行。陈教授教书育人，著述颇丰，科学研究硕果累累，特别是他在组织主编《军事医学情报网西文期刊联合目录》和《全军生物医学外文期刊联合目录》，创立

① 夏旭，教授，南方医科大学图书馆副馆长；广东省百名青年科学家之一。

全国医学文献检索教学研究会，创办主编《医学图书馆通讯》（现为《中华医学图书情报杂志》）等方面做出的努力与贡献，让业界肃然起敬。

一、低调做人，淡泊明志

初识陈教授，是在我上大学期间，即1987—1991年，我记忆中那时正好是他应邀去湖南医科大学医学图书情报学系讲学。此后就是我大学毕业前的实习期，去参观解放军医学图书馆，看一看当时国内一流的图书馆建筑。从那时开始，到1991年毕业我参军，分配至第一军医大学（现南方医科大学）图书馆工作后，虽然彼此见面的次数不多，但我投稿的文章、参编的《医学文献检索》和《医学信息检索与利用》教材都得到了陈老师的悉心指导。他虽为师长，却很少听到他的说教和批评，也从未听见他议论人非，20多年来亦师亦友的关系使我们的"忘年交"愈久愈醇，电话那边不经意的提醒和诚挚的问候能让人感动半天，然后是抓紧时间完成老师分派的任务。老师最近在写自传，《从乞丐到研究生导师——八十岁月印记》早已从邮箱发来打印，也思量着为老师的自传增加些内容，可始终想不出一个好的题目而纠结。正是因为童年、少年时期经历了太多的艰难困苦，陈老师一直用感恩的心去学习和工作，去对待身边的人和事。与陈老师见面次数虽不多，但总能感到心情舒畅、轻松愉快，他的平易近人和善于倾听的风格总是让人如沐春风。

最近几年，因为和解放军医学图书馆联合主编《医学图书馆学》《阅读疗法理论和实践》《医学信息检索学》和《新编文献学》等专著，陈教授总是先让我拿出一个初步的编写意见，然后集思广益，形成大纲，他再和同事一起去全国各地征求意见，包括电话、邮件、信件、实地调查及召开专题讨论会等，陈老师在会上鼓励大家谈看法，提意见，充分尊重各位参编人员的意见，不批评、不议论，并将参会人员的意见一一带回。一位年逾古稀的老者，凭着他对医学图书情报事业的热爱和执着，凭着他对图书编辑出版高度负责的精神，走访名家，汇聚后学，特别是组织编者参加定稿会、研讨会，让不少后学得到了锻炼和提高。

二、精研图情，硕果累累

诚然，图书馆事业是平凡的，图书馆的工作也是清静恬淡的，但图书馆学术研究与图书馆服务始终是图书馆员价值的重要体现，是引以为自豪的两大支点。正是因为开展学术研究和实践，才促进了我国图书馆学和图书馆事业的发展。对陈教授而言，最引以为荣的是他亲力亲为、全程参与的解放军医学图书馆这座20年不落后的设计先进、布局合理、功能齐全、设施完善、设备一流、美观端庄的现代化医学图书馆，以及他牵头负责、组织实施、编辑出版的《军事医学情报网西文期刊联合目录》和《全军生物医学外文期刊联合目录》。前者至今仍然矗立在军事医学科学院并且继续发挥其教育和服务职能；后者不仅获得军队科技进步三等奖，而且在促进国内医学文献联合目录事业的发展和资源共享方面产生了重要影响，取得了显著的社会、经济和军事效益。

陈老师从北大毕业后参军，进入军事医学科学院工作，一干就是一辈子，把青春和热血洒在军事医学情报领域，用他饱满的热情和永不知足的学习劲头辛勤耕耘于图书馆学、情报学、文献学和医学信息检索学，从1979年在《世界图书》上发表第1篇文章开始，37年来一直笔耕不辍，累计发表专业论文150余篇；主编著作14部，参编20多部，主审5部；开设本科生和研究生课程4门，主编教材2部。难能可贵的是，从1997年退休返聘，一干又是20年，参与《中华医学图书情报杂志》审稿、组织编撰专著、发表专业论文的热情依然不减，这该让多少图书馆学、情报学专业后学敬佩?!

三、创建文检研究会，促进检索教学

“文献检索与利用”课是20世纪80年代初期开始进入大学课堂，教育部多次发文强调在高校开设文献检索与利用课程，以提高大学生的信息素养和启迪其科研思维，全国医学高校始终走在前列。早在1989年，陈教授牵头筹备全国医学文献检索教学研究会，并于1990年10月正式成立，使我国的医学文献检索教学进入了新的历史时期。陈教授和全国医学文献检索教学研究会理事们组织了各种活动，包括文献检索教学研讨、文检课教学竞赛、文检教材评奖，各项活动取得了满意的效果，在文献检索课教学内容、方法、技巧和教材建设方面取得了一系列重要成果，不仅促进了文献检索课教学的发展，同时也锻炼了教学队伍，为推动医学院校文献检索课的可持续发展打下了坚实的基础。

四、创办《医学图书馆通讯》，影响深远

长期从事医学图书情报事业的同行都非常清楚，1990年底陈界教授从领导岗位退下来后即着手筹备《医学图书馆通讯》杂志的创办事宜，半年后试刊号与读者见面，立即受到广大同仁的欢迎与支持，在医学图书馆界反响强烈，如今26年过去了，更名后的《中华医学图书情报杂志》成为中华医学会信息学分会指定会刊、全国科技核心期刊，成为广大医学图书情报工作者的良师益友。该刊是我发表专业论文的重要园地，从1993年开始在该刊陆续发表论文20余篇，成为该刊的活跃作者，不少论文都得到了陈老师的悉心指导和斧正。该刊不以资历论短长、热情扶植新人的做法至今仍给我留下了深刻印象，在我初涉图书情报行业的

时候,正是陈界教授和编辑部其他老师的热情支持与无声鼓励,使我在相当长的一段时间里产出颇丰,成绩斐然。在此我要由衷地谢谢陈老师,谢谢解放军医学图书馆!

“莫道桑榆晚,为霞尚满天”。正像陈教授在他的《从乞丐到研究生导师——八十岁月印记》中所言:“莫道古稀就止步,八十还要往前奔。”也许我无法揣知陈教授和他的编辑出版团队下一步的动作,或许是主编出版《新编医学文献学》,但我有理由相信:他在医学图书情报的大道上仍将“挺起胸膛莫泄气,昂首阔步往前行”。

点歌一曲“向天再借五百年”作为陈教授八十寿诞的献礼,衷心地祝福他朝着他“活百岁”的奋斗目标奋力前行。

向天再借五百年

(《康熙王朝》主题曲)

沿着江山起起伏伏温柔的曲线,
放马爱的中原爱的北国和江南。
面对冰刀雪剑风雨多情的陪伴,
珍惜苍天赐给我的金色的华年。
做人一地肝胆,做人何惧艰险,
豪情不变年复一年。
做人有苦有甜,善恶分开两边,
都为梦中的明天。
看铁蹄铮铮踏遍万里河山,
我站在风口浪尖,紧握住日月旋转。
愿烟火人间安得太平美满,
我真的还想再活五百年!

2016年8月16日

夫妻二人合照

在军事医学科学院留影

老伴儿 2008 年照

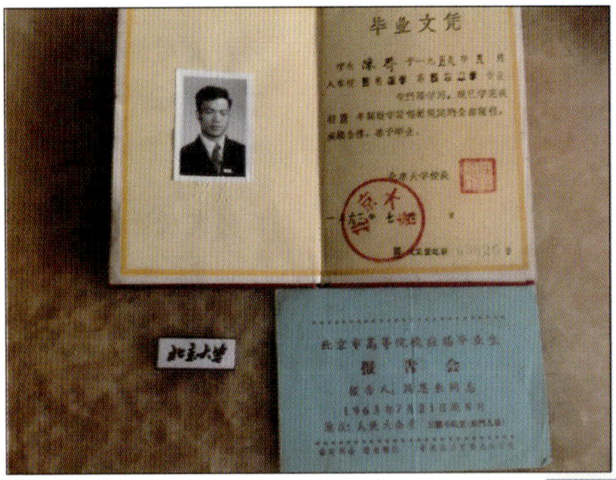

北大毕业证书、校徽，周总理给北京市高等院校应届毕业生做报告入场券

创刊并任主编的杂志《医学图书馆通讯》，后改为《中华医学图书情报杂志》，为我国科技核心期刊

主编的 14 部图书中的 12 部

与战友王先林、刘金玉合译的《未来的战争》一书

80 岁时进行科学研究

1985 年在先进工作者表彰大会上领奖

1986 年与成都军区总医院冯泽伦在武侯祠前

1987 年军事医学科学院科技部优秀党员登天安门城楼（左起陈界、任瑞仪、宋金燕）

1987 年战友合影（左起符加广、王先林、廖运传、陈界、欧阳少华）

北大 90 周年校庆同班同学在未名湖畔的石舫上

1993 年大学同班同学毕业 30 周年时在北大西门合影

1989 年 10 月全国医学文献情报服务网络和图书馆协作会议在北京召开（前排右一为作者）

1990 年军事医学科学院副院长陈宁庆（右一）、本院六所所长肖默然（左二）陪同外籍华人专家（右二）来解放军医学图书馆参观（左一为作者）

1995 年在青岛参加会议后于海滩留影

2007 年在“全军‘十一’五规划”科研课题研讨会上发言（左二为作者）

2009 年 5 月 22 日在兰州黄河边母亲河雕塑像前留影

1990 年 12 月 21 日解放军医学图书馆成立后全体干部合影

1992 年在全国医学文献检索教学研究会第二次学术研讨会主席台上

1993 年 1 月总后高评委成员在世界公园留影（左起陈界、刘铁林、张乐元、张岳良、任新臣）

1993 年 4 月总后军事后勤专业高级职务评审委员会合影（前排左二为作者）

1994 年 5 月全国医学文献检索教学研究会第二次代表大会暨教学观摩会合影（二排右五为作者）

1994 年 5 月在全国医专第三次文献检索课教学研究讨论会上与代表们合影（前排右六为作者）

1994 年 5 月在井冈山大学做学术报告

1994 年全军医学期刊标准著录研讨会代表合影（前排左五为作者）

1995 年 7 月在青岛讲学后与华北煤炭医学院黄晓鹂教授游小青岛

1995 年 8 月与广西医科大学陈志才教授（右一）、解放军 261 医院杨医生（左一）合影

1996 年 10 月在文献检索课教学研究学术研讨会上与代表合影（二排右五为作者）

与硕士生钱军合影

与硕士生杨晓航合影

1997 年 6 月在华山解放纪念亭留影（左起郑力、陈界、杨晓航、关相南）

1997 年 4 月与海南医学院王永喜教授在韶山滴水洞旁

1998 年 5 月全国医学文献检索教研会第三次会员代表大会全体代表合影（前排右四为作者）

1998 年 5 月在大连召开的全国医学文献检索教研会大会主席台上（前排右三为作者）

1998 年 5 月全军第六届医学情报专业委员会学术会议代表合影（二排右四为作者）

1998 年 10 月人民卫生出版社长沙发行站医学文献资源建设研讨会合影（前排正中为作者）

2001 年 5 月参加陕西师大孟宪恒教授（左一）的研究生论文答辩后去第四军医大学考察与该校左才杰（左四）、李广德（右一）教授，中国科技信息研究所副所长关家麟（右三）等合影（左二为作者）

2001 年 6 月在国际学术会议上与天津医科大学副校长娄建石握手

2001 年 6 月国际医学图书馆科学大会代表合影（前排右一为作者）

2005 年 9 月《医学图书馆理论与实践》编审工作研讨会在北京召开（前排左三为作者）

2005 年与吉林大学李占兵（中）、解放军医学图书馆杨春华（右）在复旦大学开会期间合影

2007 年与南方医科大学夏旭教授（左一）、郴州市第一人民医院孙懿斌（右一）在广州共进晚餐

2007 年与战友刘传和在黄山

在复旦大学召开的全国医学文献检索学术研讨会上做报告

在全国文检教研会上做报告

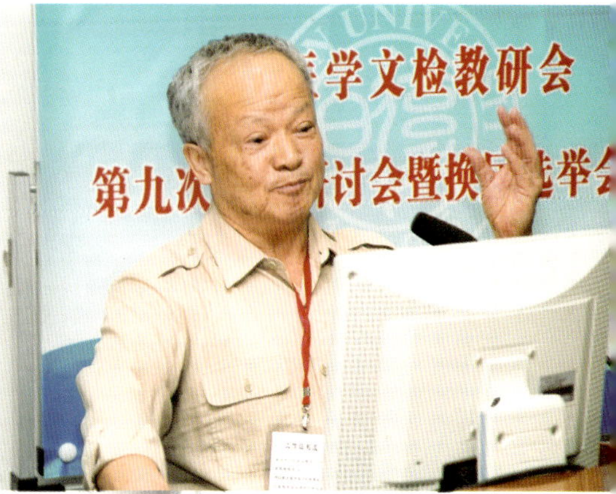

在济南军区医学情报中心与该中心领导及有关人员进行学术交流

2008 年 1 月与战友去看望老同志陈惠文（前排左三）时合影

在 2008 年《医学图书馆学》一书编审工作会上同与会者合影（前排左四为作者）

入北大 50 周年与部分同班同学合影（前排右三为作者）

2010 年《阅读疗法理论与实践》编审工作研讨会合影（前排左起黄晓鹂、陈界、湛佑祥、陈锐、秋盛羡、刘传和）

2010 年 6 月与原第一军医大学
李健康馆长在遵义会议会址

2010 年 6 月在重庆聚合科技有限公司总经理
刘光军（后排左二）等陪同下在该公司参观

2010年6月全国医学文献检索教学研究会常务理事会于重庆合影（前排右四为作者）

2011年5月全国医学信息检索精品课程建设与共享研讨会于长沙合影（前排右六为作者）

2012 年在广西科技大学考察，与黄玲（左一）、义家运（右一）教授合影

2013 年与老战友相聚

2016 年在北京军区天津疗养院疗养期间与护士长唐俐（右一）护士戴会（左一）进行阅读疗法交流

岳父与女儿重姣和
孙子蒋道零合影

2008 年夫妻合影

20 世纪 80 年代初夫妻合影

1989 年在韶山毛主席故居前

爱人退休前登天安门城楼

20 世纪 90 年代初全家合影

与儿媳、小女儿和
三个第三代过生日

2000 年全家福

我 70 岁生日全家与侄儿交学（后排右三）、外甥护国（后排右四）、侄孙女军娥（前排左二）合影

2014 年老伴儿生日全家福

2015 年孙女生日全家福

我 80 岁生日全家福（外孙女贾玥留学英国缺席）

在广州疗养

在广州疗养期间组织游览

在广州疗养期间
组织游越秀公园

在杭州疗养期间游览
岳坟

在杭州西湖旁

在杭州六合塔旁

在杭州海军疗养院

在昆明疗养时游览

在青岛第一疗养院

在庐山疗养院

在庐山毛主席旧居

在庐山牯岭

在烟台疗养院

在鼓浪屿疗养院

在大连疗养院

在兰州军区临潼疗养院

在西安华清池旁

在南京疗养院

在天津疗养院

在延安宝塔山

在延安毛主席旧居

在欧洲阿尔卑斯山

在巴黎凯旋门

在欧洲旅游合影于大西洋旁

在香港探亲时合影

2014 年 9 月 30 日在双牌水电站

妻子与儿子

妻子与大女儿
在天津疗养院

我俩与大女婿在澳门

妻子与儿子、大女儿、
外孙在十渡河

1992 年我俩与外孙刘远洋

2000 年与孙女湘燕在鸣翠园

儿子与儿媳

大女儿

小女儿

儿子一家

大女儿一家

小女儿一家

儿子与小女婿

孙女生日

儿媳与孙女

外孙 2 岁时

外孙女贾玥

孙女陈湘燕

远洋与贾玥在做作业

洋洋、玥玥、燕燕在一起

洋洋、玥玥、燕燕三兄妹在手舞足蹈

老伴儿与三个第三代在一起个个喜笑颜开

老伴儿与外孙

1994 年我俩、大女儿、外孙回老家与胞兄、胞妹及侄儿一家合影

2014 年我俩在胞妹家旁与妹妹一家三代及交学夫妇等合影

2002 年我俩在老家与姐姐、姐夫等合影

2008 年老伴儿、小女儿与姐姐、姐夫在天安门前

2002 年我俩在老家与姐姐、妹妹、弟弟等在一起

老伴儿与姐姐、姐夫及蒋道零在北京

老伴儿与姐姐及外甥义国、外甥女荣英（左二）、侄媳庚娣（左一）在天安门

2012 年 5 月姐姐与其女梁英（右二）、女婿良生（左二）、儿媳军英（右一）来京

老伴儿与姐姐及其女儿、儿媳在京合影

老伴儿与姐姐、妹妹及
其两个孙女在老家合影

姐姐与其四子
艳国一家

在亲家(前排右三)、亲家母(前
排左二)家中与其全家合影

与老伴儿、孙女和亲家、亲
家母及其外孙女在京合影

在老家与侄儿一起注视
其孙子修理摩托车

儿子文学与侄儿交学（左一）、
外甥护国（右一）在一起

小侄儿通学一家

1997 年 4 月在湖南郴州与堂兄
陈维（二排左二）、陈纪（二排
左三）及其全家合影

2005 年 9 月我俩和陈瑞老师（后排左一）及其夫人、宇诚老师（后排左二）及其夫人在北京合影

我俩在南京汤山疗养院与老战友军事医学情报专家廖应昌教授及其夫人合影

我俩在天津疗养院与青岛海军医院刘元平、潘兆娟二位首长合影

2012 年春和老伴儿在高中同班同学唐如皎及其夫人陪同下回母校零陵一中

在我的出生地水埠头与宇江（中）、生光（右）合影

2014 年 10 月 1 日我与老伴儿和她的同学邓君斌及其夫人在阳明山合影

老伴儿的同学邓君斌及其全家设晚宴招待我俩

与挚友邓君斌女婿

我俩与蒋洪松岳母在法国
巴黎埃菲尔铁塔旁合影

2008 年 5 月我俩与老乡蒋洪松在日内瓦合影

我俩与蒋洪松岳母在意大
利水城威尼斯合影

与我村陈正生（县农委主
任）在北京景山公园合影

2005 年 9 月与老乡陈伟光博士在我家合影

儿子文学与其儿时的伙伴永州市财政局干部陈劲松合影

我俩和两个女儿与老伴儿的同学钱钟灵（前排右一）及其爱人王新高（后排右二）在军事医学科学院内合影

老伴儿和侄媳顺娥（右一）、爱娣（左一）、金玉（左二）、美兰（左三）在水埠头合影

2016 年 12 月与转业回上海的老战友于根生（后排左二）、汪鸿兴（后排左一）、吴荣桢（前排左一）及同事王磊（后排右一）合影

与上海第二军医大学图书馆馆长范吉莲教授（左二）、昔日的战友调去第二军医大学工作的曹金盛（左三）、刘锦秀（右一）、丁振英（左四）、崔竹金（右三）等教授、北大校友第二军医大学教授丁如龄（右二）在上海聚会时合影

2017 年 5 月我的小学同班同学、老伴儿的表姐陈美英（右二）及其女儿（右一）来京在我家合影